W.-D. Jägel

GRUNDLAGEN DEUTSCH

Herausgegeben von Johannes Diekhans
Erarbeitet von Franz Waldherr

Aufsatz 7/8

Schöningh

www.schoeningh-schulbuch.de
Schöningh Verlag, Jühenplatz 1–3, 33098 Paderborn

Druck A 5 4 3 / Jahr 2009 08 07
Alle Drucke der Serie A sind im Unterricht parallel verwendbar.
Die letzte Zahl bezeichnet das Jahr dieses Druckes.

Illustrationen: Matthias Berghahn, Bielefeld
Umschlaggestaltung: INNOVA, Borchen
Druck und Bindung: westermann druck GmbH, Braunschweig

ISBN 978-3-14-025118-1

Inhaltsverzeichnis

Wie du mit diesem Buch arbeiten kannst

Dieses Buch behandelt Aufsatzformen, die für das 7. und 8. Schuljahr wichtig sind. Wie in den Bänden dieser Reihe für das 5. und 6. Schuljahr werden die Aufsatzformen in kleinen Schritten eingeübt. Dabei lernst du, deine Texte zu planen, zu schreiben und zu überarbeiten.

Das Buch enthält folgende Hauptteile:

- Den Inhalt eines Textes wiedergeben
- Berichten
- Beschreiben
- Erzählungen beschreiben und deuten
- Gedichte beschreiben und deuten
- Argumentieren

Einige Kapitel greifen dabei auf Bekanntes aus den Jahren zuvor zurück und vertiefen die erworbenen Kenntnisse (z. B. Berichten und Beschreiben); mit anderen Kapiteln kannst du dich auf Themen vorbereiten, die in den nachfolgenden Jahrgangsstufen wichtig sind (z. B. Texte beschreiben und deuten).

Das Inhaltsverzeichnis und das Stichwortverzeichnis ermöglichen dir eine leichte Orientierung im Buch. Jedes Kapitel beginnt zudem mit einer Übersicht über die Themen, die dort behandelt werden, sodass du dich sehr leicht zurechtfinden kannst.

Häufig findest du auch in diesem Buch folgendes Zeichen: Es bedeutet, dass du die Aufgabe, um die es geht, in ein Heft schreiben sollst.

Ein kleiner Test zu jedem Kapitel zeigt dir den Lernfortschritt an, wenn du die Aufgaben bewältigt hast. Teste dich selbst vor und nach der Bearbeitung der Aufgaben, und du wirst sehen, wie viel du gelernt hast.

Am Ende eines Kapitels findest du jeweils eine Zusammenfassung der behandelten Aufsatzform („Auf einen Blick“). Sie sichert den Lernerfolg und eignet sich zum Nachschlagen und Nachlesen, wenn die Bearbeitung der einzelnen Aufgaben schon einige Zeit zurückliegt.

Wie bei den Bänden 5 und 6 ist auch diesmal ein Lösungsteil angehängt, der dir bei der Selbstkontrolle hilft.

1 Den Inhalt eines Textes wiedergeben

Inhaltsangabe

Sie gibt den Inhalt eines Buches, Artikels, Films oder einer Erzählung wieder.
Sie informiert dich und andere oft in wenigen Sätzen und gibt einen guten Überblick.
Im Unterricht ist sie in vielen Fächern wichtig.

Teste dein Wissen

Für eine Inhaltsangabe beschränkst du dich auf wichtige Informationen.

Wie musst du einen Text zuvor bearbeiten, damit du den Inhalt gut wiedergeben kannst? ______________________

Was ist die Aufgabe einer Inhaltsangabe? ______________________

Welche grammatische Person und welche Zeitform benutzt du für eine Inhaltsangabe?

______________________ ______________________

Welche Informationen liefert der Einleitungsteil einer Inhaltsangabe?

1. ______________________ 4. ______________________

2. ______________________ 5. ______________________

3. ______________________

Wenn man von einem Gespräch berichtet, wechselt man in die ______________________ Rede. Die Form für die „wiedergegebene", berichtete Rede ist der ______________________ .

Kannst du die folgenden Verbformen im Indikativ in den Konjunktiv I und II umformen?

Indikativ Präsens	Konjunktiv I	Konjunktiv II
er hat		
sie ist		
er wird		
sie soll		
er muss		

Mögliche Punktzahl (pro richtige Antwort 1 Punkt): 21

Erreichte Punktzahl vor dem Üben: ________

nach dem Üben: ________

1. „Der indische Vogel" und andere Geschichten – Durch Gliedern zur Inhaltsangabe

Die Legende von Isis und Osiris

Aber er konnte nicht ewig auf der Erde bleiben. Er wurde König im Reich der Toten. Nur zu bestimmten Zeiten besucht er die Menschen. ☐

☐ Man sagt, wenn der Nil viel Wasser führt und das Land mit seinem fruchtbaren Wasser überschwemmt, dann ist Osiris zurückgekehrt. In den heißen, dürren Monaten nach der Ernte weilt Osiris wieder im Totenreich.

Bald war das Tal ein blühender Garten. Seth wurde neidisch. Sein Hass auf seinen Bruder war so groß, dass er ihn schließlich umbrachte. Er zerstückelte seinen Körper in vierzehn Teile und verstreute sie über das ganze Land. ☐

☐ Doch Isis, die Frau des Osiris, war eine mächtige Zauberin. Zusammen mit Anubis, einem Gott der Unterwelt, sammelte sie alle Teile, fügte sie zusammen und umwickelte den Körper mit Binden. Dann schenkte sie Osiris die Unsterblichkeit.

Vor langer Zeit, als es noch Götter auf der Erde gab, lebten in Ägypten zwei Brüder, Seth und Osiris. Seth war der grausame Herr der Wüste, Osiris der gute und milde König im Tal des Nils. Osiris lehrte die Menschen, Getreide und Obst anzubauen. ☐

1 Sicher hast du gemerkt, dass da einiges durcheinandergeraten ist. Versuche einmal, die Geschichte zu sortieren, indem du die einzelnen Teile in der richtigen Reihenfolge mit den Zahlen 1 bis 5 nummerierst.

Ein Tipp zur Kontrolle:
Addiere die Zahlen der linken Spalte und die Zahlen der rechten Spalte. Ziehe dann die Summe der linken Spalte von der Summe der rechten Spalte ab und heraus kommt eine Zahl, die du sehr gern unter deinen Klassenarbeiten siehst!

2 Finde nun zu jedem Abschnitt der Legende eine passende Überschrift, mit der du kurz den Inhalt zusammenfasst. Benutze dabei die Tempusform Präsens (Gegenwart).

Die Legende von Isis und Osiris

Überschrift zu Abschnitt 1: ______________________

____

Überschrift zu Abschnitt 2: ______________________

____

Überschrift zu Abschnitt 3: ______________________

____

Überschrift zu Abschnitt 4: ______________________

____

Überschrift zu Abschnitt 5: ______________________

____

Im Folgenden kannst du ein indisches Märchen lesen. Aber auch hier hat es mit dem Drucken des Märchens nicht so richtig geklappt; die Absätze, welche die Sinnabschnitte verdeutlichen sollen, fehlen.

Der indische Vogel

Ein Kaufmann hielt einen Vogel in einem Käfig. Einmal wollte er nach Indien reisen, dem Land, aus dem der Vogel stammte. Er fragte den Vogel, ob er ihm etwas mitbringen könne. Da sagte der Vogel: „Wenn du in Indien bist, geh in den Dschungel und berichte dort den freien Vögeln von meiner Gefangenschaft." Das versprach der Kaufmann und führte es auch aus. Kaum hatte er zu Ende gesprochen, als ein Vogel, von derselben Art wie sein eigener, wie tot aus dem Baume auf die Erde fiel. Der Kaufmann nahm an, es müsse ein Verwandter seines eigenen Vogels sein. Es tat ihm leid, dass er vielleicht schuld an seinem Tod gewesen war. Als er nach Hause kam, fragte der Vogel ihn, ob er gute Nachrichten bringe. „Nein", sagte der Kaufmann, „ich fürchte, ich habe schlechte Nachrichten. Einer deiner Verwandten brach tot zusammen, als ich von deiner Gefangenschaft erzählte." Kaum hatte er diese

Worte ausgesprochen, als sein Vogel ebenfalls zusammenbrach und auf den Boden des Käfigs fiel. Betrübt dachte der Kaufmann: „Die Nachricht vom Tod seines Verwandten hat ihn getötet.“ Traurig nahm er den Vogel und legte ihn auf die Fensterbank. Sogleich aber wurde der Vogel wieder lebendig, flog auf einen nahen Baum und sagte: „Verstehst du nun? Was du für ein Unglück hieltest, war in Wirklichkeit eine gute Nachricht für mich. Es war der Rat, wie ich mich verhalten müsse, um mich zu befreien.“

(Hermann Krekeler)

3 Lies das Märchen genau durch und teile den Text durch senkrechte Striche in vier Sinnabschnitte auf.

Ein Tipp zur Kontrolle: Markiere den ersten Buchstaben eines jeden Sinnabschnittes farbig. Dann erhältst du ein künstliches Lösungswort mit vier Buchstaben.

Aussagen zum Inhalt eines Textes stehen immer in der Zeitform Präsens.

4 Gib mit wenigen Worten den Inhalt der Sinnabschnitte wieder.

Der indische Vogel

Wiedergabe des ersten Sinnabschnittes: ______________________

____

Wiedergabe des zweiten Sinnabschnittes: ______________________

____

Wiedergabe des dritten Sinnabschnittes: ______________________

____

Wiedergabe des vierten Sinnabschnittes: ______________________

____

5 Bestimmt ist es dir nicht allzu schwer gefallen, die „Legende von Isis und Osiris“ und das Märchen „Der indische Vogel“ in Sinnabschnitte zu gliedern. Schreibe stichwortartig auf, was sich jeweils an den Stellen ändert, an denen ein neuer Abschnitt beginnt.

____

____

____

Die folgende Fabel von den vier Stieren und dem hungrigen Löwen erzählt von der erfolgreichen List eines Löwen. Lies den Text, der durch die Linien schon in Sinnabschnitte gegliedert ist, zunächst einmal durch.

Der Löwe und die Stiere

Welches Problem hat der Löwe?

Eine zärtliche und enge Freundschaft verband vier junge, kräftige Stiere. Ein Löwe, der in einem nahen Wald seinen Schlupfwinkel hatte, beobachtete sie aus sicherer Entfernung, und seine Begierde nach ihnen wuchs von Tag zu Tag. „Vor diesen acht spitzen Hörnern", sagte er sich aber, „müsste ich fliehen! Ja, diese vier Stiere könnten mich sogar töten, wenn sie mich gemeinsam angreifen. Aber ich weiß, was ich tun muss!"

Er verbarg sich am Rand der grünen, saftigen Wiese, auf der die Stiere weideten, und wartete geduldig, bis sich einer von den anderen ein wenig entfernte. Dann schlich der Löwe hin und flüsterte dem Stier zu: „Ah, du bist es, den die anderen drei verspotten!" Dem nächsten Stier erzählte er: „Die anderen drei sind eifersüchtig auf dich, weil du größer und schöner bist als sie."

Am Anfang hörten die Stiere nicht auf den Löwen, aber bald fingen sie an, sich gegenseitig zu misstrauen. Sie gingen nicht mehr gemeinsam auf die Weide, und nachts rückten sie voneinander ab. Das alles machte sie noch viel misstrauischer, und jeder dachte von den anderen: Sie warten auf eine Gelegenheit, mir ein Leid anzutun.

Als der Löwe schließlich die Nachricht verbreitete, die vier Stiere wollten sich gegenseitig bekämpfen, weil jeder der Stärkste sein und die anderen von der Weide verjagen wolle, da fielen sie einander sofort in heller Wut an. Bald sahen die vier prächtigen jungen Stiere nicht mehr prächtig aus. Sie schlugen mit ihren Hufen aufeinander ein und zerfetzten sich mit ihren Hörnern die Lenden.

Als der Löwe einen von ihnen anfiel, tötete und fortschleppte, kamen die anderen ihrem Gefährten nicht zu Hilfe. Der Löwe zerriss bald danach einen zweiten, dann tötete er den dritten, und auch der vierte Stier wurde in einigen Tagen, als der Löwe wieder Hunger hatte, dessen Opfer.

(Johann Gottfried Herder)

6 Formuliere nun auf jeder Linie eine Frage, die zum Inhalt des jeweiligen Sinnabschnitts passt, der folgt. Die erste mögliche Frage ist bereits eingetragen.

7 Verwandle nun die Fabel in einen „Frage-Antwort-Text“, indem du die Fragen von Aufgabe 6 möglichst knapp beantwortest. Verwende dabei die Zeitform Präsens.

Antwort auf Frage 1: ______________________________

____

____

Antwort auf Frage 2: ______________________________

____

____

Antwort auf Frage 3: ______________________________

____

____

Antwort auf Frage 4: ______________________________

____

____

Antwort auf Frage 5: ______________________________

____

____

Ergebnis/Weiterarbeit

⇒ Den wichtigsten Schritt, um eine Inhaltsangabe zu schreiben, hast du getan. Mithilfe der Legende, des Märchens und der Fabel hast du gelernt, wie man Texte in **Sinnabschnitte** gliedern kann; du hast sozusagen die Gliederung des Textes „aufgespürt“.

⇒ Indem du für die Sinnabschnitte Überschriften und Fragen suchst, machst du dir **den Inhalt** eines Sinnabschnittes klar.

⇒ Aber aufgepasst! Leider ist es nicht immer so wie hier in den Übungsbeispielen, dass ein Absatz im Druckbild immer auch gleichzeitig ein Sinnabschnitt ist. Wie lässt sich aber dann ein Sinnabschnitt erkennen? In der Regel beginnt ein neuer Sinnabschnitt immer dann, wenn sich die Personenzahl, der Ort oder die Zeit ändert oder wenn sich mehreres gleichzeitig verändert.

2. „Nicht versetzt“ – Einleitung und Hauptteil einer Inhaltsangabe

Im Folgenden findest du einen Text abgedruckt, in dem der Autor Peter Weiss von einem sehr unangenehmen Erlebnis erzählt. Zum Glück geht das Ganze gut aus.

Nicht versetzt

Ich kam mit dem Schulzeugnis nach Hause, in dem ein schrecklicher Satz zu lesen war, ein Satz, vor dem mein ganzes Dasein zerbrechen wollte. Ich ging mit diesem Satz große Umwege, wagte mich nicht mit ihm nach Hause, sah immer wieder nach, ob er nicht plötzlich verschwunden war, doch er stand immer da, klar und deutlich. Als ich schließlich doch nach Hause kam, weil ich nicht die Kühnheit hatte, mich als Schiffsjunge nach Amerika anheuern zu lassen, saß bei meinen Eltern Fritz W. Was machst du denn für ein betrübtes Gesicht, rief er mir zu. Ist es ein schlechtes Zeugnis, fragte meine Mutter besorgt, und mein Vater blickte mich an, als sehe er alles Unheil der Welt hinter mir aufgetürmt. Ich reichte das Zeugnis meiner Mutter hin, aber Fritz riss es mir aus der Hand und las es schon und brach in schallendes Gelächter aus. Nicht versetzt, rief er, und schlug mit seiner kräftigen Hand auf die Schenkel. Nicht versetzt, rief er noch einmal, während meine Eltern abwechselnd ihn und mich verstört anstarrten, und zog mich zu sich heran und schlug mir auf die Schultern. Nicht versetzt, genau wie ich, rief er, ich bin viermal sitzengeblieben, alle begabten Männer sind in der Schule sitzengeblieben. Damit war die Todesangst zerstäubt, alle Gefahr war vergangen. Aus den verwirrten Gesichtern meiner Eltern konnte sich keine Wut mehr hervorarbeiten, sie konnten mir nichts mehr vorwerfen, da ja Fritz W., dieser tüchtige und erfolgreiche Mann, alle Schuld von mir genommen hatte und mich dazu noch besonderer Ehrung für würdig hielt. (Peter Weiss, 1961)

Die Einleitung einer Inhaltsangabe

Eine Inhaltsangabe ist oft so aufgebaut, dass der Leser oder die Leserin zunächst in einem Einleitungsteil im Überblick informiert wird. Dieser einleitende Teil gibt häufig Antwort auf folgende Fragen:

- Wer ist der Autor oder die Autorin des Textes?
- Wie lautet der Titel?
- Wann wurde der Text geschrieben oder wann ist er veröffentlicht worden? (Manchmal sind diese Daten nicht bekannt.)

– Um welche Textart (Textsorte) handelt es sich?
– Worum geht es in dem Text (Handlungsüberblick)?
Für diesen Einleitungsteil benötigt man wenige Sätze; manchmal kommt man mit einem aus.

1 Hier findest du nun den Einleitungsteil zu einer Inhaltsangabe, die zu dem Text auf Seite 14 verfasst worden ist. Lies dir den Einleitungsteil sorgfältig durch und beantworte noch einmal stichwortartig die Fragen, die darunter gesetzt sind.

Inhaltsangabe zu der Erzählung „Nicht versetzt" von Peter Weiss

In der Erzählung „Nicht versetzt", die von Peter Weiss verfasst und 1961 veröffentlicht wurde, geht es um einen Jungen, der nicht versetzt worden ist und der deshalb Angst hat, nach Hause zu gehen. Ein Bekannter seiner Eltern kommt ihm in dieser schwierigen Situation zu Hilfe.
...

Autor? ______________________________

Titel? ______________________________

Textart? ______________________________

Jahr der Veröffentlichung? ______________________________

Handlungsüberblick? ______________________________

____

____

2 Wie könnte der Einleitungsteil einer Inhaltsangabe zu dem Märchen „Der indische Vogel" (s. S. 10) gestaltet werden? Versuche es. Die Fragen sind stichwortartig bereits beantwortet. Du brauchst also nur noch den zusammenhängenden Text aufzuschreiben.

Autor?	Hermann Krekeler
Titel?	Der indische Vogel
Textart?	Märchen
Jahr der Veröffentlichung?	1995
Handlungsüberblick?	Vogel wird von einem Kaufmann in einem Käfig gefangen gehalten, kommt durch die List eines verwandten Vogels frei

3 Hier findest du den Beginn einer Inhaltsangabe zu der bekannten Fabel „Der Fuchs und der Ziegenbock". Die wichtigsten Angaben zum Text sind enthalten. Versuche, den Einleitungsteil sprachlich etwas besser zu gestalten, indem du die einzelnen Hauptsätze miteinander verknüpfst.

Der Fuchs und der Ziegenbock – Eine Inhaltsangabe

Bei dem Text handelt es sich um eine Fabel. Sie trägt den Titel „Der Fuchs und der Ziegenbock". Sie wurde von dem griechischen Fabeldichter Äsop verfasst. Äsop lebte im 6. Jahrhundert vor Christus. Die Fabel handelt von einem Fuchs. Der Fuchs befreit sich auf Kosten eines etwas einfältigen Ziegenbocks aus einer bedrohlichen Situation.

Der Hauptteil einer Inhaltsangabe

Im Hauptteil einer Inhaltsangabe geht es darum, die einzelnen Handlungsschritte zusammenzufassen und in der richtigen Reihenfolge wiederzugeben. Dabei solltest du dich von der Wortwahl der Textvorlage lösen und mit eigenen Worten formulieren. Da es das Ziel einer Inhaltsangabe ist, über einen Text zu informieren, sollte die Darstellung möglichst sachlich erfolgen.
Besonders informativ wird deine Inhaltsangabe, wenn du den zeitlichen und ursächlichen Zusammenhang der Handlungsschritte verdeutlichst. Hier geht es um die Fragen: Wann geschieht etwas, warum geschieht es, welche Folgen ergeben sich?

4 Im Folgenden ist der Hauptteil zu der Inhaltsangabe der Erzählung „Nicht versetzt" abgedruckt. Die einzelnen Abschnitte sind jedoch durcheinandergeraten. Bringe sie in die richtige Reihenfolge und schreibe die entsprechende Zahl vor den jeweiligen Abschnitt.

	Nachdem der Junge auf diese Weise von dem erfolgreichen Fritz W. bestätigt worden ist, können ihm auch die Eltern nichts mehr vorwerfen und die schwierige Situation ist bereinigt.

	Schließlich erscheint er doch zu Hause, wo Fritz W. gerade anwesend ist, der als tüchtiger und erfolgreicher Mann von den Eltern sehr geschätzt wird. Als die Mutter nach dem Zeugnis fragt, schaut Fritz W. es sich zunächst an, lacht laut und lobt den Jungen, weil er der Ansicht ist, alle erfolgreichen Männer seien in der Schule sitzengeblieben. Ihm selbst sei es viermal passiert.

	Ein Junge, der in der Schule nicht versetzt worden ist, wagt zunächst nicht nach Hause zu gehen, weil er große Angst vor der Reaktion seiner Eltern hat.

5 Der Verfasser der Inhaltsangabe zu der Erzählung von Peter Weiss hat zuvor den Text in Sinnabschnitte gegliedert. Markiere die drei Abschnitte im Text, formuliere in einem Satz zu jedem Abschnitt eine Überschrift, mit der der Inhalt zusammengefasst wird, und ergänze die folgenden Zeilenangaben:

Erster Sinnabschnitt: Zeile 1 bis ______

Überschrift: ____________________

____

Zweiter Sinnabschnitt: Zeile ______ bis ______

Überschrift: ____________________

____

Dritter Sinnabschnitt: Zeile ______ bis 21

Überschrift: ____________________

____

6 Wenn du den zeitlichen Zusammenhang der Handlungsschritte eines Textes wiedergeben willst, arbeitest du am besten mit Umstandsbestimmungen der Zeit (Temporaladverbialen) oder Gliedsätzen (Adverbialsätzen/Temporalsätzen). Unterstreiche in der Inhaltsangabe zu der Erzählung von Peter Weiss jeweils zwei adverbiale Bestimmungen und zwei Gliedsätze, die über den zeitlichen Zusammenhang der Handlungsschritte informieren.

1. **Adverbiale Bestimmungen,** die den zeitlichen Zusammenhang eines Geschehens verdeutlichen:
   anschließend, zunächst, einige Tage später, sofort danach, schließlich...
2. **Konjunktionen,** die einen Gliedsatz einleiten können, der über den zeitlichen Zusammenhang eines Geschehens informiert:
   als, nachdem, bevor, während...

7 Du weißt bereits, dass man für eine Inhaltsangabe die Zeitform **Präsens** verwendet. Wenn du jedoch darüber informieren willst, dass ein Handlungsschritt vor einem anderen liegt, musst du mit der Zeitform **Perfekt** arbeiten. Das ist in der Inhaltsangabe zu der Erzählung „Nicht versetzt“ an zwei Stellen der Fall. Kreise die entsprechenden Verbformen im Text ein.

Präsens	Perfekt
er ruft	er hat gerufen
sie kommt an	sie ist angekommen
er versucht	er hat versucht
er wird bestätigt	er ist bestätigt worden
sie werden gesehen	sie sind gesehen worden

8 Für den Leser oder die Leserin einer Inhaltsangabe kann es besonders informativ sein, wenn du die Begründungen und die Folgen einzelner Handlungsschritte beschreibst. Auch hierfür verwendet man adverbiale Bestimmungen und Gliedsätze (Adverbialsätze/Kausalsätze).

1. **Adverbiale Bestimmungen,** die den ursächlichen Zusammenhang (Ursache und Folge) eines Geschehens verdeutlichen: aus diesem Grund, deshalb, nämlich, als Folge davon ...
2. **Konjunktionen,** die Gliedsätze einleiten, welche über Gründe und Folgen eines Geschehens informieren: weil, da, sodass, obwohl

9 Schau dir die Inhaltsangabe zu Peter Weiss' Erzählung (S. 17) noch einmal an und markiere zwei Gliedsätze, welche über die Gründe für das Verhalten der Personen informieren, mit einer Wellenlinie.

10 Lies dir das Märchen „Der indische Vogel" noch einmal durch und vervollständige anschließend die folgenden Sätze aus einer möglichen Inhaltsangabe zu dem Text. Es geht vor allem um den **zeitlichen Zusammenhang der Handlungsschritte** und um **Begründungen und Folgen**.

a) Bevor ein Kaufmann ______________________________, fragt er seinen Vogel, der aus diesem Land stammt und von ihm in einem Käfig gefangen gehalten wird, was er ihm mitbringen solle.

b) Der Vogel bittet ihn darum, seinen Artgenossen ______________________________

____

c) Diesen Wunsch erfüllt der Kaufmann. Unmittelbar nachdem er ______________________________

______________________________, fällt ein Vogel, der so aussieht wie seiner, wie tot vom Baum.

d) Dem Kaufmann tut dieses leid, weil ______________________________, es handele sich um ______________________________.

e) Als er ______________________________, berichtet er diesem von seinem Erlebnis.

f) Sein Vogel fällt im gleichen Moment ebenfalls wie tot von der Stange. Der Kaufmann glaubt, dass ______________________________

______________________________.

g) Betrübt legt er ihn auf eine Fensterbank. __________ wird der Vogel jedoch wieder lebendig und fliegt auf einen Baum.

h) Von dort erklärt er dem verdutzten Kaufmann, dass es sich bei dem Verhalten des Vogels in Indien um eine geheime Botschaft gehandelt habe. Dieser habe ihm ____________________ mitteilen wollen, wie er sich befreien könne.

Der Löwe und die Maus

Auf seinem Streifzug durch den Wald hatte der Löwe ein kleines Mäuschen gefangen, das er nun genüsslich verzehren wollte. Das arme Tier bat jedoch verzweifelt: „Lass mich laufen! Für den Hunger eines so großen Tieres, wie du eines bist, bin ich viel zu klein. Außerdem kann ich dir vielleicht auch einmal helfen, wenn du in Gefahr bist!"
Darüber musste der mächtige Löwe sehr lachen; aber er ließ die kleine Maus dennoch laufen, weil sie ihm in gewisser Weise leid tat.
Einige Wochen später verfing sich der Löwe in einem gewaltigen Netz und konnte sich nicht mehr befreien. Den nahen Tod vor Augen schrie er mit mächtiger Stimme. Das hörte die Maus aus der Ferne. Schnell rannte sie zu ihm und nagte mit ihren scharfen Zähnen das Netz entzwei. So kam es, dass der König der Tiere einer Maus sein Leben verdankte. (Nach Äsop)

11 Zu der Fabel „Der Löwe und die Maus" hat jemand die folgende Inhaltsangabe verfasst. Der Einleitungsteil ist ganz gut gelungen, der Hauptteil enthält jedoch Formulierungen, die nicht zum sachlichen Darstellungsstil einer Inhaltsangabe passen. Schreibe diesen Teil verbessert auf.

Der Löwe und die Maus – Eine Inhaltsangabe

Die Fabel „Der Löwe und die Maus" wurde wahrscheinlich im 5. Jahrhundert vor Christus von dem griechischen Fabeldichter Äsop verfasst. Sie handelt von einer Maus, die einem Löwen in Gefahr hilft, weil dieser ihr zuvor das Leben geschenkt hat.
Ein kleines Mäuschen wird von einem riesengroßen, hungrigen Löwen gefangen. Dieser möchte es genüsslich verspeisen. Das niedliche Tierchen bettelt um sein Leben und verspricht dem König der Tiere Hilfe, wenn er selbst einmal in Gefahr gerate. Darüber amüsiert sich der Löwe köstlich, lässt die Maus jedoch schließlich frei, weil er irgendwie Mitleid mit dem possierlichen Tier hat.
Als der Löwe einige Zeit später sich in einem Netz verfängt und nicht mehr herauskommt, schreit er mit seiner gewaltigen Stimme so laut, dass ihn die kleine Maus sogar aus riesengroßer Entfernung hört. Im Nu flitzt sie zu ihm hin und befreit ihn, indem sie mit ihren scharfen Zähnen die festen Stricke des Netzes zernagt.

12 Auch die folgende Inhaltsangabe enthält einige typische Fehler, die bei dieser Aufsatzart immer wieder gemacht werden. Die Fehler sind am Rand markiert. Schreibe die Inhaltsangabe verbessert auf. Den Text der Ballade findest du auf S. 36 abgedruckt.

Die Ballade „John Maynard"_1887	|Z
von Theodor Fontane geschrieben __	|Z
handelt von einem Steuermann, der ein brennendes Schiff an das Ufer befördert und somit alle Passagiere rettet.	Was geschieht mit dem Steuermann?
Die „Schwalbe" befindet sich mit zahlreichen Passagieren auf der Strecke von Detroit nach Buffalo auf dem Eriesee.	Wer oder was ist das?
Zwanzig Minuten vor der Ankunft brach ein Feuer aus.	Die Sätze verknüpfen |Zeitfehler
Die Passagiere halten sich dicht gedrängt und voller Angst im vorderen Bereich des Schiffes an Deck auf. ⌐	⌐ Welche Begründung gibt es dafür?
Über ein Sprachrohr hält der Kapitän Kontakt zu seinem Steuermann,⌐ der total im Rauch steht, und fordert ihn auf, das Schiff auf den Strand zu setzen.	⌐ den Namen nennen | A
Mit letzter Kraft gelingt dem Steuermann dieses. Das Schiff zerbirst dabei zwar in tausend Stücke, es konnten jedoch auf diese Weise alle Passagiere gerettet werden. ⌐	sachlicher formulieren |Zeitfehler ⌐ Hier fehlt etwas.
Als Dank für seine Rettungstat nehmen über zehntausend Menschen an der Beerdigung des Steuermanns teil. Ein Spruch auf seinem Grabstein erinnert an sein uneigennütziges Verhalten.	

Nun sollst du versuchen, eine vollständige Inhaltsangabe zu verfassen. Die Vorarbeiten werden mit den Aufgaben ⑬ und ⑭ erledigt, dann formulierst du den einleitenden Teil (⑮) und schließlich den Hauptteil (⑯).

Das Pferd auf dem Kirchturm

Meine erste Reise nach Russland unternahm ich mitten im tiefsten Winter. Denn im Frühling und im Herbst sind die Straßen und Wege in Polen, Kurland und Livland vom Regen so zerweicht, dass man stecken bleibt, und im Sommer sind sie knochentrocken und so staubig, dass man vor lauter Husten nicht vorwärtskommt. Ich reiste also im Winter und, weil es am praktischsten ist, zu Pferde. Leider fror ich jeden Tag mehr, denn ich hatte einen zu dünnen Mantel angezogen, und das ganze Land war so zugeschneit, dass ich oft genug weder Weg noch Steg sah, keinen Baum, keinen Wegweiser, nichts, nichts, nur Schnee. Eines Abends kletterte ich, steif und müde, von meinem braven Gaul herunter und band ihn, damit er nicht fortliefe, an einer Baumspitze fest, die aus dem Schnee herausschaute. Dann legte ich mich, nicht weit davon, die Pistolen unterm Arm, auf meinen Mantel und nickte ein. Als ich aufwachte, schien die Sonne. Und als ich mich umgeschaut hatte, rieb ich mir erst einmal die Augen. Wisst ihr, wo ich lag? Mitten in einem Dorf und noch dazu auf dem Kirchhof. „Donner und Doria!“, dachte ich. Denn wer liegt schon gerne kerngesund, wenn auch ziemlich verfroren, auf einem Dorfkirchhof? Außerdem war mein Pferd verschwunden! Und ich hatte es doch neben mir angepflockt! Plötzlich hörte ich's laut wiehern. Und zwar hoch über mir! Nanu! Ich blickte hoch und sah das arme Tier am Wetterhahn des Kirchturms hängen! Es wieherte und zappelte und wollte begreiflicherweise wieder herunter. Aber wie, um alles in der Welt, war's denn auf den Kirchturm hinaufgekommen? Allmählich begriff ich, was geschehen war. Also: Das Dorf mitsamt der Kirche war eingeschneit gewesen, und was ich im Dunkeln für eine Baumspitze gehalten hatte, war der Wetterhahn der Dorfkirche gewesen! Nachts war dann das Wetter umgeschlagen. Es hatte getaut. Und ich war, während ich schlief, mit dem schmelzenden Schnee Zentimeter um Zentimeter hinabgesunken, bis ich zwischen den Grabsteinen aufwachte. Was war zu tun? Da ich ein guter Schütze bin, nahm ich eine meiner Pistolen, zielte nach dem Halfter, schoss ihn entzwei und kam auf diese Weise zu meinem Pferd, das heilfroh war, als es wieder Boden unter den Hufen hatte. Ich schwang mich in den Sattel, und unsere abenteuerliche Reise konnte weitergehen.

(Erich Kästner)

13 Gliedere die Lügengeschichte in sechs Sinnabschnitte und markiere diese im Text durch einen senkrechten Strich.

14 Bezeichne jeden Abschnitt mit einer Überschrift, die den Inhalt treffend wiedergibt.

Abschnitt 1, Z. 1 bis ...: ____________________

Abschnitt 2, Z. ... bis ...: ____________________

Abschnitt 3, Z. ... bis ...: ____________________

Abschnitt 4, Z. ... bis ...: ____________________

Abschnitt 5, Z. ... bis ...: ____________________

Abschnitt 6, Z. ... bis ...: ____________________

15 Notiere nun den einleitenden Teil deiner Inhaltsangabe. Beachte dazu noch einmal Seite 14. Dort hast du erfahren, welche Angaben im Einleitungsteil gemacht werden sollten.

16 Bei der Wiedergabe eines Geschehens geht es darum, die wichtigsten Handlungsschritte in ihrem Zusammenhang darzustellen. Darum ging es in den Aufgaben 6–8 und 10. Versuche dies nun auch mit der Geschichte „Das Pferd auf dem Kirchturm" und schreibe einen entsprechenden Hauptteil auf.

Ergebnis/Weiterarbeit

⇒ Falls du es inzwischen nicht schon automatisch gemacht hast: Bei der Wiedergabe des Inhalts schreibt man in der 3. Person und im Präsens.

⇒ Im vorigen Kapitel hast du dich mit der Gliederung eines Textes in Sinnabschnitte befasst. In diesem Kapitel ging es darum, wie eine **Inhaltsangabe aufgebaut** wird:

⇒ Der **Einleitungsteil** einer Inhaltsangabe gibt auf die Fragen nach **Autor, Titel, Entstehungs- oder Erscheinungsjahr,** falls bekannt, **Textsorte, Handlungsüberblick und Ausgang der Handlung** eine Antwort.

⇒ Im **Hauptteil** geht es um die **Wiedergabe der Handlungsschritte** des Erzählten. Adverbiale Bestimmungen und Konjunktionen helfen dir dabei, den **zeitlichen und ursächlichen Zusammenhang** zwischen den wichtigsten Handlungsschritten darzustellen.

⇒ Zur Wiederholung: **Konjunktionen** verknüpfen Wörter, Wortgruppen und Sätze und geben dabei zum Beispiel den Grund, die Zeit, die Folge oder die Art und Weise an. Beispiele: denn, weil, während, nachdem, indem, anstatt.

⇒ Das sind **Beispielsätze,** die den zeitlichen und ursächlichen Zusammenhang zwischen Handlungsschritten verdeutlichen:
Weil er Angst hat, kommt er nicht nach Hause. (Begründung)
Nachdem Fritz W. ihm geholfen hat, können ihm die Eltern auch nichts mehr vorwerfen. (zeitlicher Zusammenhang)
Obwohl er noch immer beunruhigt ist, muss er schließlich doch nach Hause gehen. (Grund, der nicht zählt, Einräumung)

3. „Nasen kann man so und so sehen“ – Die indirekte Rede

Dass aus einem Besuch zur falschen Zeit doch noch etwas Gutes werden kann, erzählt Ingrid Kötter in der folgenden Geschichte:

Nasen kann man so und so sehen

Es ist fast 20 Uhr, als Onkel Thomas aus Kanada zu Besuch kommt. Er will sofort Irina begrüßen.
„Warte einen Augenblick!“, bittet die Mutter, „Irina ist jetzt vierzehn. Das ist ein schwieriges Alter. Um 20 Uhr ist eine Klassenfete. Mal will sie hingehn, dann wieder nicht. Sie hat eine fürchterliche Laune.“
Irina steht in ihrem Zimmer vor dem Spiegel. In letzter Zeit steht sie oft dort. Mürrisch betrachtet sie ihr Gesicht von allen Seiten. „Diese Nase!“, flüstert sie. „Diese entsetzlich große Nase! Eine Nase wie Manuela müsste man haben.“
Alle Jungen in Irinas Klasse sind hinter Manuela mit der niedlichen Stupsnase und dem albernen Gekicher her. Mit verbissenem Gesicht kratzt Irina an einem Pickel herum, befühlt eingehend ihre Nase und stöhnt. An manchen Tagen ist es wie verhext. Da kommt einfach alles zusammen: Zwei neue Pickel, davon einer mitten auf der zu großen Nase, die dadurch natürlich erst recht unangenehm auffällt. Und dann noch Onkel Thomas. Irina hat ihn mindestens drei Jahre nicht gesehen. Onkel Thomas ist Mutters jüngster Bruder. Er ist 23 Jahre alt, lebt in Kanada und hat die dämliche Angewohnheit, Irina bei jedem Wiedersehen hochzuheben und abzuküssen.
„Ich mag diese Küsserei nicht“, sagt Irina zu ihrem Spiegelbild, geht zur Zimmertür und will sie abschließen. Das macht sie in letzter Zeit oft, wenn Besuch kommt, den sie nicht ausstehen kann.
„Sei nett zu meinem Lieblingsbruder! Er kommt extra aus Kanada!“, hat die Mutter gesagt.
Irina denkt an den schlaksigen, pickeligen Jüngling und denkt: Von mir aus kann er vom Mond kommen. Sie will den Schlüssel im Schloss herumdrehen. Zu spät, Onkel Thomas steckt seinen Kopf zur Tür herein: „Hallo, kann ich reinkommen?“ Schon ist er im Zimmer.

Sieht echt gut aus, der Typ. Hat mächtig breite Schultern gekriegt. Und dann der Bart! Mensch, hat der sich verändert. Er hebt Irina nicht hoch. Er küsst sie nicht ab. Er sieht mit ihr zusammen in den Spiegel, staunt, haut ihr kräftig auf die Schulter und sagt: „Meine Güte, du bist ja eine richtig hübsche Dame geworden!“
„Ach was! Quatsch keinen Käse!“, sagt die junge Dame und hält ihr Gesicht

ganz dicht vor die Spiegelscheibe. „Sieh dir diese Pickel an und dann meine Nase!“ „Pickel hatte ich in deinem Alter auch“, sagt Onkel Thomas, „Siehst du noch welche? Und was deine Nase betrifft, tröste dich! Du bist erst vierzehn. Du und deine Nase, ihr wachst ja noch.“

Irina reißt entsetzt die Augen auf. „Wächst noch? Meine Nase? – Alles! Bloß das nicht!“

Sie betrachtet sich im Spiegel. Ihre Augen füllen sich mit Tränen.

„Na, na!“, sagt Onkel Thomas. „Ich finde deine Nase ja schon fast richtig, aber noch ein wenig zu klein.“

„Zu klein?????“ Irina wischt sich eine Träne ab und sieht ungläubig in den Spiegel.

„Na ja“, meint Onkel Thomas. „Man kann Nasen so und so sehen. Es kommt wohl auf den Betrachter an.“

„Wie siehst du es denn?“

„Also, wenn du mich fragst, ich kann zum Beispiel Frauen mit Stupsnasen nicht ausstehen. Kleine Mädchen mit Stupsnasen, na gut. Aber Frauen mit Stupsnasen sind für mich einfach unmöglich. Viel zu niedlich. Zu puppig. Keine frauliche Ausstrahlung. Magst du etwa Stupsnasen?“

„Ich? Nein. Eigentlich nicht.“ Irina strahlt ihren Onkel an, fällt ihm um den Hals und küsst ihn ab. „Oh, Onkel Thomas! Wenn du wüsstest! Du bist prima! Kannst ruhig mal wieder vorbeikommen! Tschüs. Ich muss weg. Wir haben jetzt 'ne Klassenfete.“

(Ingrid Kötter)

Konjunktiv I

Wenn man in einer Inhaltsangabe von einem Gespräch oder einer wörtlichen Aussage (das ist die direkte Rede) berichtet, wechselt man in die indirekte Rede. Die Verbform für diese „wiedergegebene“, berichtete Rede ist der Konjunktiv I. Bei der indirekten Rede fallen die Redezeichen „ “ der wörtlichen Rede weg und es wird ein Komma gesetzt.

1 Aus der Geschichte von Ingrid Kötter dazu nun einige Beispiele. Trage die fehlenden Formen ein.

a)

	Die Mutter sagt zu Onkel Thomas:
direkte Rede →	„Irina ist jetzt vierzehn.“
	Die Mutter sagt zu Onkel Thomas,
indirekte Rede →	Irina sei jetzt vierzehn.

b)

	Sie sagt:
direkte Rede →	„Irina hat eine fürchterliche Laune.“
	Sie sagt,
indirekte Rede →	Irina habe eine fürchterliche Laune.

c)

	Zu ihrem Spiegelbild sagt Irina:
direkte Rede →	„Ich mag diese Küsserei nicht."
	Zu ihrem Spiegelbild sagt Irina,
indirekte Rede →	dass sie die Küsserei nicht möge.

Versuche nun selbst die Umformung:

d)

	Die Mutter sagt:
direkte Rede →	„Er kommt extra aus Kanada."
	Die Mutter sagt,
indirekte Rede →	er ______________________________ .

e)

	Onkel Thomas meint:
direkte Rede →	„Man kann Nasen so und so sehen."
	Onkel Thomas meint,
indirekte Rede →	dass man Nasen ______________________ .

f)

	Irina sagt:
direkte Rede →	„Ich muss weg."
	Irina sagt,
indirekte Rede →	sie ______________________________ .

Die Form für den Konjunktiv I leitet sich vom Indikativ Präsens ab. Wenn du unsicher bist, orientiere dich an der Grundform (Infinitiv) des Verbs; dann gelingt dir die Bildung des Konjunktiv I immer!

2 In der folgenden Tabelle findest du dazu Beispiele für einige besonders wichtige Verben. Trage die fehlenden Formen ein.

Infinitiv (Grundform)	Indikativ Präsens	Konjunktiv I
haben	er hat	er habe
sein	sie ist	sie sei
werden	er wird	er ____________
wollen	sie will	sie wolle
können	er kann	er ____________
dürfen	sie darf	sie ____________
wissen	er weiß	er wisse
müssen	sie muss	sie ____________
sollen	er soll	er ____________

3 Nach diesem „Ausflug“ in die Grammatik sollst du nun auch zu „Nasen kann man so und so sehen“ eine Inhaltsangabe verfassen. Gliedere den Text dazu zunächst in drei Sinnabschnitte; vielleicht erinnerst du dich an den Tipp: Ein Sinnabschnitt beginnt dann, wenn Personenzahl, Ort oder Zeit (oder mehreres davon gleichzeitig) wechseln. Markiere die Abschnitte im Text.

4 Orientiere dich nun an der Inhaltsangabe zur Lügengeschichte „Das Pferd auf dem Kirchturm“ (S. 22) und verfasse eine Inhaltsangabe zu „Nasen kann man so und so sehen“. Verwende für die Wiedergabe der wörtlichen Rede die indirekte Rede.

Ergebnis/Weiterarbeit

⇒ Für eine Inhaltsangabe gibst du **wörtliche Reden** indirekt wieder. Die Form der indirekten Rede ist der **Konjunktiv I**.

⇒ Eine Inhaltsangabe kann etwas flüssiger wirken, wenn du ab und zu die indirekte Rede umschreibst. Beispiele:

Onkel Thomas sagt, dass er Irina helfen wolle. (indirekte Rede)
Onkel Thomas bietet Irina seine Hilfe an. (Umschreibung der indirekten Rede)

Der Kaufmann sagt zu seinem Vogel, er habe schlechte Nachrichten. (indirekte Rede)
Der Kaufmann bringt seinem Vogel schlechte Nachrichten. (Umschreibung der indirekten Rede)

⇒ Die Sache mit der indirekten Rede ist mit dem Konjunktiv I noch nicht ganz zu Ende...
Wenn du dein Wissen vertiefen möchtest, arbeite jetzt mit den folgenden Seiten weiter!

Konjunktiv II

Du hast dich darüber informiert, wie Formen des Konjunktiv I gebildet werden. Der Konjunktiv I dient in der indirekten Rede dazu, die Äußerungen anderer wiederzugeben.

Formuliert jemand in der direkten Rede Vorstellungen, Wünsche, Pläne, Hoffnungen (also etwas, was noch nicht eingetreten ist), wird der Konjunktiv II benutzt. Er wird von der Vergangenheitsform (Präteritum) abgeleitet.

Auf einen Blick:

Konjunktiv I:	Form für die indirekte Rede
Konjunktiv II:	Form, um Vorgestelltes, Gewünschtes, Mögliches auszudrücken; auch als Ersatzform für den Konjunktiv I

5 Versuche nun, einige wichtige Formen des Konjunktiv II zu bilden. Die hier abgedruckte Tabelle hilft dir dabei.

Merke: Der Konjunktiv II wird von der Vergangenheitsform (Präteritum) abgeleitet.

Infinitiv	Indikativ Präsens	Indikativ Präteritum	Konjunktiv II	Wiederholung Konjunktiv I
haben	er hat	er hatte	er hätte	______
sein	sie ist	sie war	______	______
werden	er wird	er wurde	______	______
wollen	sie will	sie wollte	sie wollte	______
können	er kann	er konnte	er könnte	______
dürfen	sie darf	sie durfte	______	______
wissen	er weiß	er wusste	______	______
müssen	sie muss	sie musste	______	______
sollen	er soll	er sollte	______	______

Der Konjunktiv II wird auch als Ersatzform für den Konjunktiv I benutzt, und zwar immer dann, wenn der Konjunktiv I sich nicht vom Indikativ Präsens unterscheidet. Ein Beispiel:

Er sagte, dass sie kommen.	(hier lautet die Form des Konjunktiv I genauso wie die des Indikativ Präsens)
Er sagte, dass sie kämen.	(Ersatz des Konjunktiv I durch den Konjunktiv II)

Oft wird die Form des Konjunktiv II (Präteritum) durch „würde + Infinitiv" umschrieben:

Konjunktiv II:	Er sagt, wenn er viel Geld hätte, machte er eine schöne Reise.
Umschreibung:	Er sagt, wenn er viel Geld hätte, würde er eine schöne Reise machen.

Auf einen Blick: Merkmale einer Inhaltsangabe

Das **Ziel** einer Inhaltsangabe ist es, einen Leser oder Zuhörer über die wesentlichen inhaltlichen Gesichtspunkte eines Textes (Erzählung, Roman, Ballade...) oder Films zu **informieren.**

So kannst du deine Inhaltsangabe **aufbauen:**

Einleitungsteil: Du nennst **Autor, Titel, Erscheinungs- oder Entstehungsjahr** und **Textart.** Dazu kommt ein knapper **Handlungsüberblick,** der einen Hinweis auf den **Ausgang, das Ende der Handlung** einschließt.

Hauptteil: In diesem Teil informierst du ausführlicher als zuvor über **Ort, Zeitpunkt** und **Personen** des Geschehens und über die **wichtigsten Handlungsschritte.** Achte dabei darauf, deinen Text vorab zu gliedern, und orientiere dich beim Schreiben an deiner Gliederung.

Schlussteil: Falls du einen Schlussteil formulieren sollst, kann dieser Hinweise zur Aussageabsicht des Textes enthalten. Dabei geht es um die Frage: Um welches Thema geht es im Text? Auf welches Problem verweist der Text?
Ein Schlussteil in dieser Form leitet schon zur Deutung eines Textes über.

Die **Sprache der Inhaltsangabe** richtet sich nach der Absicht des Verfassers, einen Leser oder Zuhörer bzw. eine Leserin oder Zuhörerin zu informieren:

- Du informierst in der **3. Person** und verwendest als Zeitformen das **Präsens** oder bei Vorzeitigkeit das **Perfekt.**
- Du beschränkst dich auf das Wesentliche und für das Verständnis Notwendige, verzichtest also auf Einzelheiten und eine bildhafte, Spannung erzeugende Sprache. Die Sprache der Inhaltsangabe ist somit **sachlich informierend.**
- Die wörtliche Rede wird indirekt wiedergegeben. Du verwendest also die **indirekte Rede** oder Umschreibungen der wörtlichen Rede.
- Satzgefüge und adverbiale Bestimmungen erleichtern es dir, den zeitlichen **Zusammenhang und die Begründungen für die einzelnen Schritte der Handlung** darzustellen.

Ergebnis/Weiterarbeit

⇒ Du hast alle Informationen für eine gelungene Inhaltsangabe erarbeitet. Präge dir den Merktext gut ein!

⇒ Wenn du deinen Fortschritt „messen" willst, gehe nun zu dem Test auf Seite 8 zurück. Ergänze alle Wissenslücken und benutze dazu einen farbigen Stift. Die Farbe zeigt deinen Wissensfortschritt an!

⇒ Korrigiere dann deinen Test mithilfe des Lösungsheftes, Seite 1!

2 Berichten

Der Bericht

Berichte sind dir besonders gut bekannt; du begegnest ihnen täglich: im Radio, in Zeitschriften und im Fernsehen. Du kennst Berichte über Stars, Unfallberichte, Sensationsberichte, politische Berichte und viele andere. – Hier erfährst du die wichtigsten Tipps, um selbst Berichte zu schreiben.

Teste dein Wissen

Berichte handeln von ____________________.

Auf welche Fragen sollte ein Bericht antworten:

____________________?

____________________?

____________________?

____________________?

____________________?

____________________?

Berichte betonen ____________________ eines Geschehens.

Mit einem Wort: Was will der Bericht?

____

Welche Zeitform wählst du für einen Bericht?

____

Mögliche Punktzahl (pro richtige Antwort 1 Punkt): 10

Erreichte Punktzahl < vor dem Üben: __________ / nach dem Üben: __________

1. „Der Fund am Strand" – Erzählung und Bericht im Vergleich

Der folgende Romanausschnitt findet sich in dem Buch von Dieuwke Winsemius „Das Findelkind vom Watt". Hier erzählt die Autorin von einem aufregenden Erlebnis: Die Zwillinge Delia und Jun finden am Strand ein verlassenes Seehundbaby.

Der Fund am Strand

In der Ferne hörten wir die Kirchturmglocke schlagen. Die Sirene der Molkerei heulte auf und kündigte eine Pause an. Die Möwen kreischten, irgendwo heulte ein Kind. Wir gingen schweigend weiter. Bei Jords Ruderboot wollten wir wieder über den Deich steigen. Das Heulen wurde lauter.
Auf einmal ergriff Delia meinen Arm. Sie kniff mich so heftig, dass ich sie ärgerlich abschüttelte. „Au, du tust mir weh!"
„Du lieber Gott!", flüsterte sie.
Da, an das geteerte Boot geschmiegt, lag ein junger Seehund, so winzig und so hilfsbedürftig, dass uns beiden die Tränen in die Augen traten. Es verschlug uns den Atem. Das Seehundbaby bewegte sich nicht, aber es heulte herzzerreißend in lang anhaltenden Jaultönen.
Wir knieten uns neben das Tierchen in den Sand.
Sein Fell war weich. Wie allerfeinstes Zinn glänzte der Rücken und die Brust schimmerte, als wäre sie aus mattem Silber. Der Kopf war übergroß im Vergleich zum Körper. Zwei schwarze Knopfaugen sahen uns erwartungsvoll an. Über den Augen hatte der Kleine einen rabenschwarzen Fleck.
Ein paar Minuten war er still, das Schnäuzchen ging suchend hin und her. Dann begann er wieder zu heulen, noch trauriger und kläglicher als zuvor.
Er zitterte vor Kälte.
„Armer kleiner Kerl!" Ich zog mein T-Shirt aus und legte es über ihn. Nun fror ich.
Auf einmal gerieten wir in Panik. Was sollten wir jetzt tun? Ihn hochheben und mitnehmen? Wir waren zu weit vom Dorf entfernt, das konnten wir niemals schaffen.
Als ob er uns sagen wollte, dass wir uns beeilen müssten, klatschte er plötzlich die kleinen Vorderflossen aneinander. Flapp, flapp, flapp.
Da nannten wir ihn Flapp.

Jetzt galt es, keine Zeit zu verlieren. Natürlich konnten wir ihn nicht allein zurücklassen, wir beschlossen also, dass Delia bei ihm bleiben sollte, während ich ins Dorf lief und Hilfe holte. Hoffentlich war Max zu Hause.
Ich rannte, so schnell ich konnte. Am Deich drehte ich mich noch einmal um, legte die Hände an den Mund und brüllte: „Pass gut auf ihn auf! Lass keinen ran!"
In der Ferne sah ich das Dorf liegen. Es war noch ein ziemliches Ende bis dahin.

(Dieuwke Winsemius)

Möglicherweise geht die Geschichte so aus, dass Jun zur Polizei läuft, um dort um Hilfe zu bitten. Der Dorfpolizist benachrichtigt die nahe gelegene Seehundstation, sodass der kleine Seehund gerettet werden kann.

Kannst du dir vorstellen, wie ein Zeitungsreporter von diesem Ereignis berichtet hätte? So könnte sein Bericht ausgesehen haben:

Seehundbaby gerettet

Tollum. Am vergangenen Samstag entdeckten die Zwillinge Delia und Jun Corell ein verlassenes Seehundbaby am Strand. Durch ihr entschlossenes Handeln konnte das Tier gerettet werden.
Das hilflose Tier lag in der Nähe des Deiches, wo es die Zwillinge, eng an ein geteertes Boot geschmiegt, entdeckten. Es machte durch lautes Heulen auf sich aufmerksam. Die Zwillinge bedeckten das frierende Tier mit einem T-Shirt, beruhigten es und benachrichtigten dann die Polizei. Diese alarmierte die Seehundstation, deren Mitarbeiter dem Jungtier schnell und gezielt halfen.

1 Verdeutliche dir die Unterschiede zwischen der Erzählung und dem kurzen Zeitungsbericht.
Kreuze das Zutreffende an:

Erzählung		Bericht
☐	Es wird Spannung erzeugt.	☐
☐	Auf ausschmückende Einzelheiten wird verzichtet.	☐
☐	Gefühle sind wichtig.	☐
☐	Man erhält eine schnelle Orientierung über das Ereignis.	☐
☐	Es kommt auf Anschaulichkeit und Lebendigkeit an.	☐
☐	Gedanken und Stimmungen werden in wörtlicher Rede dargestellt.	☐
☐	Nur die Hauptsache, das Wesentliche des Geschehens, ist wichtig.	☐
☐	Wichtig ist eine sachliche Sprache.	☐

2 Der Vergleich macht deutlich, dass dasselbe Ereignis ganz unterschiedlich mitgeteilt wird. Der Grund dafür ist die Absicht (der Zweck, das Ziel), mit der geschrieben wird. Trage ein:

Die Absicht der Erzählung:

____

Die Absicht des Zeitungsberichtes:

____

3 Stelle dir vor, Jun wird vom Reporter der Zeitung zu den Ereignissen befragt. Welche Fragen stellt der Reporter, um seinen Bericht schreiben zu können?

____

____

____

Ergebnis/Weiterarbeit

⇒ Die Erzählung vom Fund des Seehundbabys hat verdeutlicht, dass dasselbe Ereignis unterschiedlich mitgeteilt werden kann:
Die Erzählung stellt Gedanken, Gefühle und Stimmungen, z. T. in wörtlichen Reden, dar und will eine gefährliche Erfahrung möglichst farbig und lebendig wiedergeben. Der knappe *Zeitungsbericht* dagegen ist viel nüchterner, sachlicher, verzichtet auf viele Einzelheiten und stellt nur die für die Hauptsache, das Ereignis, wichtigen Tatsachen (Fakten) dar. Sein Ziel ist eine möglichst prägnante und sachliche (= objektive) Information. Weil ein in der Vergangenheit geschehenes und abgeschlossenes Ereignis dargestellt wird, ist die Zeitstufe die Vergangenheit (Präteritum).

⇒ Der Zeitungsbericht beschränkt sich im Wesentlichen auf sachdienliche Einzelheiten. Auch wenn du telefonisch von einem Unfall berichtest, musst du dich daran orientieren: Was? Wer? Wo? Wann? Welche Folgen?

⇒ Die „W-Fragen“ sind für das Berichten besonders wichtig. Arbeite dazu auf der Seite 35 weiter!

2. „Dieb von Papagei überrascht" – Der Aufbau eines Berichts

Von einem ungewöhnlichen Kriminalfall berichtet der folgende Artikel eines Reporters:

Ihrem Papagei hat es eine Zahnärztin aus dem Stadtteil Heide zu verdanken, dass ein dreister Einbrecher, der in den späten Abendstunden des gestrigen Tages in ihre Wohnung eingestiegen war, auf frischer Tat ertappt wurde und von der Polizei festgenommen werden konnte.
Der etwa dreißigjährige Mann war gegen 23.30 Uhr durch das offen stehende Küchenfenster in die Privatwohnung der Zahnärztin Martina W. eingedrungen. Vermutlich hatte er es auf Kunstgegenstände und Schmuck abgesehen. In die Quere kam ihm dabei Papagei Lola, der die in diesem Fall äußerst wertvolle Eigenschaft besitzt, auf nicht zu identifizierende Geräusche im Dunkeln mit einem lauten „Hände hoch!" zu reagieren. Diese Aufforderung erschreckte den Dieb offensichtlich dermaßen, dass er überstürzt das Weite suchen wollte. Dabei stolperte er jedoch über die Telefonschnur, schlug hart mit dem Kopf auf dem Fliesenboden auf und blieb benommen liegen. So fand ihn die inzwischen durch den Lärm aufgewachte Zahnärztin. Von der sofort herbeigerufenen Polizei ließ sich der Mann widerstandslos festnehmen.

Bevor dieser Artikel in der Zeitung erscheint, muss noch einiges ergänzt bzw. verändert werden:

1 Erfinde zunächst eine passende Schlagzeile

____

2 In der Regel haben ausführliche Zeitungsberichte einen einleitenden, fett gedruckten Teil. Dieser Teil besteht in einer in sich abgeschlossenen, verständlichen Kurzinformation. – Markiere diesen Teil im Text farbig.

3 Der erste Teil des Berichtes antwortet auf die Fragen „Wer?", „Was?", „Wo?", „Wann?", „Welche Folgen?". Beantworte diese Fragen stichwortartig.

Wer? ______________________________

Was? ______________________________

Wo? ______________________________

Wann? ______________________________

Welche Folgen? ______________________________

Der Zeitungsbericht über ein Schiffsunglück hat Theodor Fontane den Anstoß gegeben, seine berühmte Ballade „John Maynard" zu schreiben:

In den Abendstunden des 9. August 1841 versank nach einem Brand ein Passagierschiff auf dem Eriesee, der im Norden der USA an der Grenze zu Kanada liegt. Dabei kamen alle Passagiere ums Leben; lediglich der Kapitän und der Steuermann überlebten. Auf dieses Ereignis bezieht sich Theodor Fontane mit seiner Ballade. Wichtige Einzelheiten des Geschehens hat der Autor jedoch verändert bzw. frei erfunden.

John Maynard

John Maynard!
„Wer ist John Maynard?"
„John Maynard war unser Steuermann,
aus hielt er, bis er das Ufer gewann,
er hat uns gerettet, er trägt die Kron,
er starb für uns, unsre Liebe sein Lohn.
John Maynard."

Die „Schwalbe" fliegt über den Eriesee,
Gischt schäumt um den Bug wie Flocken von Schnee;
von Detroit fliegt sie nach Buffalo –
die Herzen aber sind frei und froh,
und die Passagiere mit Kindern und Fraun
im Dämmerlicht schon das Ufer schaun,
und plaudernd an John Maynard heran
tritt alles: „Wie weit noch Steuermann?"
Der schaut nach vorn und schaut in die Rund:
„Noch dreißig Minuten ... Halbe Stund."

Alle Herzen sind froh, alle Herzen sind frei –
da klingt's aus dem Schiffsraum her wie ein Schrei,
„Feuer!" war es, was da klang,
ein Qualm aus Kajüt und Luke drang,
ein Qualm, dann Flammen lichterloh,
und noch zwanzig Minuten bis Buffalo.

Und die Passagiere, buntgemengt,
am Bugspriet stehn sie zusammengedrängt,
Am Bugspriet vorn ist noch Luft und Licht,
am Steuer aber lagert sich's dicht,
und ein Jammern wird laut: „Wo sind wir? Wo?"
Und noch fünfzehn Minuten bis Buffalo. –

Der Zugwind wächst, doch die Qualmwolke steht,
der Kapitän nach dem Steuer späht,

er sieht nicht mehr seinen Steuermann,
aber durchs Sprachrohr fragt er an:
„Noch da, John Maynard?“
„Ja Herr. Ich bin.“
„Auf den Strand! In die Brandung!“
„Ich halte drauf hin.“
Und das Schiffsvolk jubelt: „Halt aus! Hallo!“
Und noch zehn Minuten bis Buffalo. –

„Noch da, John Maynard?“ Und Antwort schallt's
mit ersterbender Stimme: „Ja, Herr, ich halt's!“
Und in die Brandung, was Klippe, was Stein,
jagt er die „Schwalbe“ mitten hinein.
Soll Rettung kommen, so kommt sie nur so.
Rettung: Der Strand von Buffalo!

Das Schiff geborsten. Das Feuer verschwelt.
Gerettet alle. Nur einer fehlt!

Alle Glocken gehen; ihre Töne schwell'n
himmelan aus Kirchen und Kapell'n,
ein Klingen und Läuten, sonst schweigt die Stadt,
ein Dienst nur, den sie heute hat:
Zehntausend folgen oder mehr,
und kein Aug im Zuge, das tränenleer.

Sie lassen den Sarg in Blumen hinab,
mit Blumen schließen sie das Grab,
und mit goldener Schrift in den Marmorstein
schreibt die Stadt ihren Dankspruch ein:
„Hier ruht John Maynard! In Qualm und Brand
hielt er das Steuer fest in der Hand,
er hat uns gerettet, er trägt die Kron',
er starb für uns, unsre Liebe sein Lohn.
John Maynard.“

(Theodor Fontane)

4 Lies die Ballade sorgfältig durch und beantworte die folgenden Fragen. Hilfreich ist es, wenn du wichtige Textstellen unterstreichst und entsprechende Bezeichnungen an den Rand schreibst (z. B. Ort, Zeitpunkt des Unglücks, ...)

- Wie heißt der Steuermann? ______________________
- Wie heißt das Schiff? ______________________
- Auf welcher Strecke befindet sich das Schiff? Von ______________________

  nach ______________________

- In welchem Teil des Schiffes bricht das Feuer aus? ______
- Wann ereignet sich das Unglück? ______
- Wo befindet sich das Schiff zu diesem Zeitpunkt? ______
- Wohin retten sich zunächst die Passagiere? ______
- Was passiert mit dem Schiff? ______
- Wie geht das Ereignis für die Passagiere aus? ______
- Was geschieht mit dem Steuermann? ______

5 Hier hat jemand einen Einleitungsteil für einen Bericht über das Ereignis, so wie es Theodor Fontane darstellt, verfasst. Er ist nicht besonders gut gelungen – deshalb solltest du ihn überarbeiten, indem du zum Beispiel die einzelnen Sätze besser verknüpfst oder über die Folgen des Unglücks etwas genauer informierst. Auch eine passende Schlagzeile solltest du aufschreiben.

John Maynard

Am Abend des 9. August 1841 strandete bei Buffalo am Eriesee ein Passagierschiff. Der Eriesee liegt im Norden der USA an der Grenze zu Kanada. Die Unglücksursache war ein Brand. Der Brand war im hinteren Teil des Schiffes ausgebrochen. Dem Steuermann John Maynard gelang es, die Passagiere zu retten.

6 Schreibe nun den Hauptteil des Berichts. Hier geht es vor allem um die Frage: „Wie ist es geschehen?“ Die Fragen, die du zuvor in Aufgabe 4 beantwortet hast, helfen dir dabei.

Ergebnis/Weiterarbeit

⇒ Wenn du einen Bericht schreiben möchtest, kannst du die **W-Fragen als Leitfragen** benutzen. Auch die Überarbeitung oder Bewertung eines Berichts erfolgt mit diesen Fragen.
Hier sind sie noch einmal in der Kurzform:

Was?
Wer?
Wo?
Wann?
Wie?
Mit welchen Folgen?

⇒ Du hast wesentliche Merkmale guter Berichte kennengelernt. Eine Zusammenfassung und Übersicht findest du auf der Seite 42.

⇒ Im letzten Kapitel zum Thema „Berichten“ wirst du in einen eigenartigen Kriminalfall verwickelt. Es geht um „Die kopflose Meerjungfrau“!

3. „Die kopflose Meerjungfrau“ – Einen Bericht zu einem aktuellen Ereignis verfassen

Im Folgenden geht es um einen seltsamen Kriminalfall, der in Dänemark großes Aufsehen erregt hat und von vielen Zeitungen empört kommentiert wurde.
Als Berichterstatter einer großen Tageszeitung hast du den Auftrag, die Leser und Leserinnen über die Ereignisse zu informieren. Du hast dir Notizen zum 6.1., 9.1. und 5.2. gemacht und auch schon Ideen für passende Schlagzeilen notiert. Außerdem stehen dir Fotos für deinen Bericht zur Verfügung (vgl. im Lösungsheft auf Seite 11).

06.01.98:	–	*In der Nacht zum Dienstag wurde der „Kleinen Meerjungfrau" der Kopf abgesägt.*
	–	*Die Kleine Meerjungfrau ist das Wahrzeichen der Hauptstadt Kopenhagen und eine Touristenattraktion.*
	–	*Die Bronzestatue wurde von dem Bildhauer Evard Eriksen angefertigt und 1913 auf einem Stein im Hafen von Kopenhagen angebracht.*
	–	*1964 wurde der Statue schon einmal der Kopf abgesägt, mehrmals wurde sie mit Farbe übergossen, einmal verlor sie den rechten Arm.*
	–	*Suchaktionen, auch mit Tauchern, blieben bisher erfolglos.*
	–	*Ein Kameramann, der durch anonyme Anrufe zum Tatort gelockt wurde, lieferte den Fahndern Aufnahmen von zwei jungen Rollschuhfahrern.*

Und das sind die Schlagzeilen:

„Meerjungfrau enthauptet"
„Mord an der Meerjungfrau"
„Sie saß auf ihrem Stein, doch der Kopf war weg"
„Die neuen Leiden der Kopenhagener Meerjungfrau"

Wenige Tage später taucht der Kopf der Statue wieder auf:

09.01.98	–	*Der abgesägte Kopf der Statue tauchte wieder auf; er soll schon bald wieder angeschweißt werden.*
	–	*Der Bronzekopf war im Morgengrauen bei dem Fernsehsender „TV Danmark" abgegeben worden.*
	–	*Mittelsmann bei der Übergabe war der Kameramann Michael F., der auch als Erster die kopflose Statue gefilmt hatte.*
	–	*Der Kopf wurde der Polizei übergeben.*

Die Schlagzeilen:

„Abgesägter Kopf ist wieder da"
„Kopfjäger liefern ihre Beute ab"
„Täter geben Meerjungfrau das Haupt zurück"

Nach vier Wochen wird ein Verdächtiger festgenommen. Kannst du dir denken, wer es ist? ...

05.02.98	– *Der Kameramann Michael F. wurde als mutmaßlicher Anstifter festgenommen.* – *Der 31-Jährige sitzt in Untersuchungshaft.* – *Man wirft ihm vor, dass er sich mit den angeblich „exklusiven" TV-Bildern bereichern wollte.* – *Der Kameramann hat nach eigenen Angaben 26.000 DM[1] mit seinen Bildern verdient.*
	So lauten die Schlagzeilen: ***„Meerjungfrau: Kameramann verhaftet"*** ***„Kameramann soll Statue geköpft haben"***

1 Arbeite nun einen deiner Notizzettel zu einem Bericht aus. So kannst du dabei vorgehen:

- Wähle eine passende Schlagzeile.
- Formuliere einen einleitenden Teil mit einer Kurzinformation zum Geschehen. Schreibe anschließend den Hauptteil und gestalte mithilfe der Fotos im Lösungsheft einen Zeitungsbericht.
- Kontrolliere deinen Bericht mit Hilfe der W-Fragen:

  Was hat sich ereignet?
  Wer war beteiligt?
  Wo ist es geschehen?
  Wann hat es sich ereignet?
  Wie ist es geschehen?
  Welche Folgen haben sich ergeben?

Als weitere Übung kannst du natürlich auch die beiden anderen Notizzettel zu Berichten ausarbeiten.

[1] Das entspricht etwa 13.000 Euro.

Auf einen Blick: Merkmale eines Berichts

- Ein Bericht dient dazu, einen Leser/eine Leserin oder einen Zuhörer/eine Zuhörerin zu **informieren**.
- Eine passende **Schlagzeile** liefert eine Kurzinformation und weckt Interesse.
- Berichtet wird von **tatsächlichen Ereignissen** und Geschehen.
- Für den Bericht wird **das Wesentliche aus einem Geschehen** ausgewählt.
- Berichte fallen unterschiedlich aus: Sie können kürzer oder länger sein; sie sind oft sehr sachlich oder manchmal auch etwas anschaulicher. Beides hängt von der Absicht des Berichterstatters und dem vermuteten Interesse des Lesers/der Leserin ab.
- Berichte orientieren sich am zeitlichen Ablauf eines Geschehens und sind **in Abschnitte gegliedert**.
- Die Zeitform (Tempus) des Berichts ist die Vergangenheit (**Präteritum, Plusquamperfekt**).
- Der Bericht soll Antwort auf folgende Fragen geben:
  Was hat sich ereignet?
  Wer war beteiligt?
  Wo ist es geschehen?
  Wann hat es sich ereignet?
  Wie ist es geschehen?
  Welche Folgen haben sich ergeben?

Ergebnis/Weiterarbeit

⇒ Überprüfe, ob du die wichtigsten Informationen behalten hast! Ergänze dazu den Test auf Seite 31.

⇒ Vergleiche dann mit dem Lösungsheft, Seite 7.

3 Beschreiben

Beschreiben

Von einem interessanten Menschen oder einer interessanten Sache möchte man sich ein möglichst genaues Bild machen: Dazu dienen Informationen über das Aussehen, die Besonderheiten oder ungewöhnliche Einzelheiten.

Teste dein Wissen

	falsch	richtig
Beim Beschreiben eines Gegenstandes ist es sinnvoll, Fachsprache zu gebrauchen.	❍	❍
Vergleiche mit ähnlichen Gegenständen oder Vorgängen lenken ab.	❍	❍

Das ist eine geordnete Reihenfolge bei der Vorgangsbeschreibung:

1. ______________________________

2. ______________________________

3. ______________________________

Der allzu häufige Gebrauch von „und" oder „und dann" kann eine Vorgangsbeschreibung schnell eintönig machen. Schlage drei Ersatzwörter vor:

____

____

____

Eine Bildfläche kannst du mit zwei Linien aufteilen. Zeichne diese hier ein:

Dies sind drei Begriffe, um die Bildtiefe zu beschreiben:

____

____

____

Die Personenbeschreibung beschränkt sich auf das ______________ einer Person. Die Personencharakteristik bezieht auch das ______________ ______________ eines Menschen ein.

Mögliche Punktzahl (pro richtige Antwort 1 Punkt): 14

Erreichte Punktzahl

vor dem Üben: ______________

nach dem Üben: ______________

1. „Es ist ein deutscher Hühnerhund" – Ein Tier beschreiben

Wenn du mit den Aufsatzbänden 5 und 6 gearbeitet hast, ist dir schon einiges zur Gegenstandsbeschreibung bekannt. Viele Tipps für die Gegenstandsbeschreibung gelten auch dann, wenn du im Biologieunterricht eine Pflanze oder ein Tier beschreiben sollst.
Im Folgenden ist ein Text abgedruckt, mit dem der Schriftsteller Thomas Mann (1875–1955) seinen geliebten Hund Bauschan beschreibt:

Bauschan

Es ist ein kurzhaariger deutscher Hühnerhund, wenn man diese Bezeichnung nicht allzu streng und strikt nehmen [will], denn ein Hühnerhund, wie er im Buche steht, [...] ist Bauschan wohl eigentlich nicht. Für einen solchen ist er erstens vielleicht ein wenig zu klein, – er ist, dies will betont sein, entschieden etwas *unter* der Größe eines Vorstehhundes; und dann sind auch seine Vorderbeine nicht ganz gerade, eher etwas nach außen gebogen, – was ebenfalls jenem Idealbilde reiner Züchtung nur ungenau entsprechen mag. Die kleine Neigung zur „Wamme", das heißt: zu jener faltigen Hautsackbildung am Halse, die einen so würdigen Ausdruck verleihen kann, kleidet ihn ausgezeichnet; doch würde auch sie wohl von unerbittlichen Zuchtmeistern als fehlerhaft beanstandet werden, denn beim Hühnerhund, höre ich, soll die Halshaut glatt die Kehle umspannen. Bauschans Färbung ist sehr schön. Sein Fell ist rostbraun im Grunde und schwarz getigert. Aber auch viel Weiß mischt sich darein, das an der Brust, den Pfoten, dem Bauche entschieden vorherrscht, während die ganze gedrungene Nase in Schwarz getaucht erscheint. Auf seinem breiten Schädeldach sowie an den kühlen Ohrlappen bildet das Schwarz mit dem Rostbraun ein schönes, samtenes Muster, und zum Erfreulichsten an seiner Erscheinung ist der Wirbel, Büschel oder Zipfel zu rechnen, zu dem das weiße Haar an seiner Brust sich zusammendreht und der gleich dem Stachel alter Brustharnische waagerecht vorragt. Übrigens mag auch die etwas willkürliche Farbenpracht seines Felles demjenigen für „unzulässig" gelten, dem die Gesetze der Art vor den Persönlichkeitswerten gehen, denn der klassische Hühnerhund hat möglicherweise einfarbig oder mit abweichend gefärbten Platten geschmückt, aber nicht getigert zu sein.
[...] Aber Hühnerhund her und Pinscher hin – welch ein schönes und gutes Tier ist Bauschan auf jeden Fall, wie er da straff an mein Knie gelehnt steht und mit tief ge-

sammelter Hingabe zu mir emporblickt! Namentlich das Auge ist schön, sanft und klug, wenn auch vielleicht ein wenig gläsern vortretend. Die Iris ist rostbraun – von der Farbe des Felles; [...] Der Ausdruck seines Kopfes, [...] der gewölbte Brustkorb, unter dessen glatt und geschmeidig anliegender Haut die Rippen sich kräftig abzeichnen, die eingezogenen Hüften, die nicht geäderten Beine, die derben und wohlgebildeten Füße – dies alles spricht von Wackerheit und von bäurischem Jägerblut.

(Thomas Mann)

1. Wenn du die Beschreibung Bauschans genau betrachtest, merkst du sofort, dass Thomas Mann seinen Hund sehr genau beschreibt. Aber als stolzer Besitzer Bauschans macht er auch ab und zu Bemerkungen, die eigentlich nicht in eine sachliche Beschreibung hineingehören, weil sie wertend sind und seine persönliche Einstellung zeigen. Unterstreiche diese Bemerkungen mit einer Farbe.

2. Unterstreiche mit einer anderen Farbe die eindeutigen Angaben, die zeigen, wie genau und sachlich Thomas Mann beschreibt.

3. Auf diese Merkmale geht Thomas Mann bei der Beschreibung seines Hundes ein:

Körperbau: Größe: ______________________________

Kopf: ______________________________

____

____

Beine: ______________________________

____

Fell: Wuchs: ______________________________

____

____

Färbung: ______________________________

____

____

Auffällige Einzelheit:

Charaktereigenschaften:

Ordne nun alle näheren Angaben, die du der Beschreibung von Thomas Mann entnehmen kannst, den einzelnen Merkmalen zu.

4 Bei der Bearbeitung der dritten Aufgabe hast du bemerkt, dass du im Text „springen“ musstest, um alle Angaben sammeln zu können. Offensichtlich hat Thomas Mann keinen Wert auf eine geordnete Reihenfolge gelegt. – Beschreibe zum Abschluss Bauschan nun einmal so, wie man es beispielsweise für eine Suchanzeige tun müsste. Die Stichworte oben helfen dir dabei. Du kannst so beginnen:

Achtung! Hund entlaufen.
Seit vorigen Sonntag vermisse ich meinen deutschen Hühnerhund, der auf den Namen Bauschan hört.
Er ist ...

5 Ronja soll für den Unterricht ihr Lieblingstier beschreiben. Für ihre Beschreibung wählt sie den etwa fünfjährigen Haflinger-Wallach „Flocki“.

Da sie das Tier sehr gern hat, geht sie noch auf einige andere Merkmale neben dem Körperbau und dem Fell ein. Hier kannst du ihre Notizen lesen:

Körperbau:	*Größe:*	ca. 1,40 m bis zum Widerrist (Halsansatz)
	Kopf:	kleiner und kürzer als bei Großpferden, kurze Ohren
	Beine:	kräftig, strapazierfähig, insgesamt fester Knochenbau
Fell:	*Wuchs:*	glatt; im Winter auffällig dick und lang
	Färbung:	hellbraun bis rotbraun
	Auffällige Einzelheit:	dichte, weiße Mähne; auf der Abbildung besonders lang
Bewegungen:		trittsicher, weicher und gleichmäßiger Galopp
Verhaltensweisen zum Menschen:		Haflinger fassen schnell Vertrauen zum Menschen; gutmütig, zäh; weit verbreitetes Freizeitpferd für Kinder und Erwachsene
Heimat/Abstammung/ Vorkommen des Tieres:		Österreich und Südtirol

Wie könnte Ronjas Beschreibung aussehen? Nimm für deinen Text auch die Abbildung des Tiers zu Hilfe. So könntest du beginnen:

Der Haflinger-Wallach Flocki

Der Haflinger-Wallach Flocki ist circa 1,40 m groß und entspricht so der normalen Größe eines Haflingers ...

6 Vielleicht hast du selbst ein Haus- oder Lieblingstier. Beschreibe das Tier und orientiere dich dazu an der Beschreibung des Haflinger-Wallachs von Ronja.

2. „So weit wie möglich" – Eine Bewegung beschreiben

Die Schritt-Sprung-Technik

Du kennst ganz unterschiedliche Beschreibungen für viele Vorgänge: für das Basteln, Spielen, Reparieren und Bauen; für Experimente oder Zaubertricks; auch Bedienungsanleitungen beschreiben Vorgänge. Um dich an die wichtigsten Tipps für das Beschreiben zu erinnern, geht es nun recht sportlich zu. Hier sind vier Schritte abgebildet, mit denen du eine Weitsprungtechnik erlernen kannst.

1

Erster Lernschritt:

Bewegungsanweisungen:

2

Zweiter Lernschritt:

Bewegungsanweisungen:

3

Dritter Lernschritt:

Bewegungsanweisungen:

4

Vierter Lernschritt:

Bewegungsanweisungen:

1 In vier Schritten sollen der **Anlauf,** der **Absprung mit dem Schwungbeineinsatz,** der **Flug** und die **Landung** erlernt werden. Welcher Lernschritt ist auf den Bildern zwei, drei und vier jeweils dargestellt? Trage den entsprechenden Begriff ein.

2 Zu den vier Schritten gehören insgesamt sieben Bewegungsanweisungen. Im Folgenden sind sie abgedruckt; allerdings müssen sie noch in die richtige Reihenfolge gebracht werden. Schreibe die passenden Bewegungsanweisungen unter die Abbildungen.

1. Schwinge ganz spät das hintere Bein nach vorn und lande auf den Fersen.
2. Strecke das Sprungbein und halte den Oberkörper aufrecht.
3. Zieh das Schwungbein bis zur Waagerechten hoch.
4. Fliege möglichst lange in der Schrittstellung.
5. Halte den Oberkörper weiterhin aufrecht.
6. Springe jetzt kräftig vom Balken ab, indem du das Sprungbein streckst.
7. Steigere dein Tempo bis zum Absprung.

3 Welche Voraussetzungen müssen erfüllt sein, damit du das Training durchführen kannst?

Material:

Anlage:

4 Die Bilder zeigen dir, wie du die Schritt-Technik üben kannst. Verfasse nun eine Vorgangsbeschreibung „Die Schritt-Technik beim Weitsprung“, wie sie in einem Trainingsbuch für Schüler und Schülerinnen stehen könnte.

5 Bei Beschreibungen kommt es sehr auf die Genauigkeit an. Kreuze die genauere Formulierung an:

a) Anlauf beim Weitsprung

- ☐ Der Läufer wird bis zum Absprungbalken immer schneller.
- ☐ Der Läufer steigert sein Tempo und erreicht beim Absprung seine größte Geschwindigkeit.

b) Handstand am Boden

- ☐ Die Hände werden nebeneinander aufgesetzt und zeigen nach vorn.
- ☐ Die Hände werden in Schulterbreite aufgesetzt, wobei die Finger nach vorn zeigen.

c) Rückenschwimmen

- ☐ Der Arm schwingt hoch nach hinten vor die Schulter. Beim Eintauchen bildet die Hand eine Schaufel und die Handkante schneidet als Erstes ins Wasser.
- ☐ Der Arm wird nach hinten vor die Schulter geschwungen. Die Hand bildet eine Schaufel, die zuerst ins Wasser eintaucht.

Ergebnis/Weiterarbeit

⇒ Mit Thomas Manns Text hast du eine literarische Tierbeschreibung kennengelernt. In ihr geht es nicht nur um eine ganz genaue Beschreibung einer Hunderasse, sondern auch darum, die Besonderheiten eines ganz speziellen Tieres darzustellen.

⇒ Für eine Vorgangsbeschreibung müssen die Abläufe (wie hier beim Weitsprung) in eine sinnvolle zeitliche Reihenfolge gebracht werden.

⇒ Auf den Seiten 61 sind die wichtigsten Regeln für den Aufbau einer Gegenstands- und Vorgangsbeschreibung noch einmal zusammengefasst.

⇒ Die Wiederholung zur Gegenstands- und Vorgangsbeschreibung ist jetzt abgeschlossen. Hinweise zur Bildbeschreibung findest du auf Seite 53. Wenn du mit der Personenbeschreibung weiterarbeiten möchtest, schlage Seite 55 auf.

3. „Kein Platz am Strand" – Eine Abbildung beschreiben

Alle Beschreibungen setzen genaues Beobachten voraus, auch die Bildbeschreibung macht da keine Ausnahme. Aber außerdem kommt es hier noch darauf an, die Wirkung des Bildes auf den Betrachter einzubeziehen. Das geht besonders gut, wenn du nach dem konzentrierten Betrachten die Augen schließt und dir das Bild in deiner Vorstellung einprägst.

1 Schreibe in kurzer Form auf, was auf der Karikatur dargestellt ist. Du könntest so beginnen:

Die Karikatur des Zeichners Chic zeigt eine Familie, die ...

2 Von welchem Standpunkt aus wird das Geschehen wiedergegeben? Kreuze die richtige Antwort an.

- ☐ Der Betrachter schaut von einer erhöhten Position aus auf das Geschehen.
- ☐ Der Betrachter scheint in geringem Abstand seitlich hinter der Personengruppe zu stehen und betrachtet aus dieser Perspektive das Geschehen.
- ☐ Der Betrachter schaut aus größerer Entfernung auf das Geschehen.

3 Wenn du die dargestellten Einzelheiten und ihre Beziehung zueinander beschreiben willst, musst du auch darüber informieren, wo sie sich im Bild befinden. Dabei kannst du das Bild als Fläche ansehen und die Bildfläche mit einem waagerechten und einem senkrechten Strich aufteilen:

Was ist in den beiden Bildhälften zu sehen?

Linke Bildhälfte:

Rechte Bildhälfte:

4 Du kannst jedoch auch in die Tiefe des Bildes schauen und die Bezeichnungen Vordergrund, Mittelgrund und Hintergrund verwenden. Beantworte nun für die Karikatur, was jeweils abgebildet ist.

Vordergrund:

Mittelgrund:

Hintergrund:

5 Wenn du Einzelheiten beschreibst, wird dein Text besonders anschaulich. Wähle hier den Familienvater und die Person am Strand und beschreibe sie in Stichworten:

Familienvater:

Person am Strand:

6 Was könnte der Vater sagen? Erfinde einen Untertitel für die Karikatur.

7 Welche Absicht verfolgt der Zeichner deiner Meinung nach mit der Karikatur? Schau zuvor im Lösungsteil nach, wie der Untertitel im Original lautet.

- ☐ Er will die Reaktion des Familienvaters ins Lächerliche ziehen.
- ☐ Er verurteilt den Egoismus der Person am Strand.
- ☐ Er macht auf die unsinnige Rechthaberei des Vaters aufmerksam.
- ☐ Er zeigt, wie schwer es Menschen fallen kann, sich friedlich zu einigen, wenn sie sich im Recht fühlen.

8 Beschreibe die Karikatur nun in einem zusammenhängenden Text. Greife dazu die Ergebnisse der einzelnen Aufgaben zur Karikatur auf. Lies – bevor du zu schreiben beginnst – die Übersicht zum Aufbau einer Bildbeschreibung auf Seite 62 durch.

Ergebnis/Weiterarbeit

⇒ Am Beispiel der Karikatur hast du alle Gesichtspunkte kennengelernt, die für eine Bildbeschreibung wichtig sind.

⇒ Eine letzte, sehr wichtige Form der Beschreibung fehlt noch: Arbeite zur Personenbeschreibung mit 4. weiter.

4. „Eine drehte sich um nach ihm“ – Eine Person beschreiben und charakterisieren

Das Äußere einer Person beschreiben

1 Je größer dein Wortschatz ist, desto genauer und interessanter kannst du beschreiben. Am wichtigsten ist dabei die Wahl der treffenden Adjektive. Ergänze die Tabelle:

Haarwuchs und -farbe: dicht, strähnig, ______________________________

______________________________ ;

rot, brünett, ______________________________

______________________________ ;

Gesichtsfarbe und -form: rosig, ______________________________ ;

oval, ______________________________ ;

Nase:	klein, gerade, ____________________;
Lippen:	voll, herzförmig, ____________________
	____________________;
Kinn:	rundlich, ____________________;
Augenform und -farbe:	schmal, rund, ____________________
	____________________;
	blau, ____________________;

2 Hier hat jemand seine kleine Schwester beschrieben. Verbessere den Text, indem du

- den Satzbau verbesserst (stelle dazu Satzglieder um oder verknüpfe die Hauptsätze),
- einige der genannten Einzelheiten genauer und anschaulicher beschreibst,
- deinen Text durch Abschnitte gliederst.

Meine kleine Schwester

Meine Schwester heißt Loni. Sie ist zwei Jahre alt und nicht besonders groß. Sie sieht mit ihrer Windelhose ziemlich dick aus. Sie hat helle Haare und ein rundes Gesicht. Ihre Augen sind ebenfalls rund. Ihre Nase sieht aus wie bei allen Kleinkindern. Zähne hat sie auch schon ein paar. Ihre Finger sind ganz schön klein und dick. Ihre Beine sind noch nicht besonders gerade. Aber mit ihren Füßen kann sie schon richtig laufen. Am liebsten trägt sie eine rote Latzhose.

3 Im Folgenden hat ein Schüler seinen Englischlehrer stichwortartig beschrieben. Verfasse mithilfe der Stichworte in einem zusammenhängenden Text eine ausführliche Beschreibung. Weitere Einzelheiten darfst du selbstverständlich hinzuerfinden. Aber auch hier gilt: keine beleidigenden Formulierungen. Achte auch darauf, deinen Text zu gliedern. Hinweise dazu findest du in der Übersicht zur Personenbeschreibung auf Seite 63.

Name:	Theophil Tiger
Alter:	etwa 50 Jahre
Größe:	ca. 1,90 m
Gewicht:	bleibt sein Geheimnis
Spitzname:	bleibt unser Geheimnis
äußere Merkmale:	– Locken, die inzwischen ziemlich grau sind, einige fehlen bereits (Geheimratsecken), – rundes Gesicht, welches eine rote Farbe bekommt, wenn er sich anstrengt oder ärgert, – ausgeprägte Stirnfalten,

- tiefe Stimme,
- Hände wie ein Handwerker,
- Vorliebe für Pullover, Jeans, selbstgestrickte (?) Wollsocken und Ökosandalen (auch im Winter)

So kann deine Einleitung aussehen:

Mein Englischlehrer Theophil Tiger (von uns auch .... genannt) ist etwa 50 Jahre alt und ca. 1,90 m groß. Sein Gewicht verrät er nicht, aber wir schätzen, dass es die 100 kg überschreitet.

...

Ergebnis/Weiterarbeit

⇒ Die Übungen 1 und 2 haben dir gezeigt, wie man eine Personenbeschreibung sprachlich gestalten kann.

⇒ Bei der Übung 3 ging es darum, eine Person in einem zusammenhängenden, gegliederten Text zu beschreiben.

⇒ Natürlich ist klar, dass eine Person viel mehr ist als das, was man sieht (zum Glück!). Erst wenn man auch zum Wesen eines Menschen etwas sagt, wird es richtig interessant! Arbeite dazu mit dem nächsten Abschnitt weiter.

Eine Person charakterisieren

1 Wenn du eine Person charakterisierst, sagst du etwas zu ihrem Wesen. Du nennst Eigenschaften, Einstellungen, Interessen und Gefühle. Der Englischlehrer Theophil Tiger hat zum Beispiel folgende Eigenschaften:

gerecht	
leidenschaftlicher Leser	
zerstreut	

Finde mögliche Beispiele aus dem Unterricht, die diese Charaktereigenschaften veranschaulichen, und trage sie in die Tabelle ein.

2 Eine reizvolle Charakterisierung ergibt sich, wenn man das Verfahren von Aufgabe 1 umdreht. Man beschreibt typische Verhaltensweisen: Die Leser und Leserinnen müssen dann eine Eigenschaft aus diesen Verhaltensweisen erschließen. Welche Eigenschaften erschließt du aus folgenden Verhaltensweisen von Theophil Tiger?

Typische Verhaltensweise	Vermutete Eigenschaft
Er hält manchmal unvermutet inne und kratzt sich an Kinn, Nase oder Ohr.	
Er sitzt bevorzugt auf und nicht hinter dem Pult.	
Er trägt manche Texte vor wie ein orientalischer Märchenerzähler.	

Die folgende Erzählung hat auch etwas mit Schule zu tun. Dieses Mal geht es aber nicht um den Lehrer, sondern um die Gefühle eines Jungen, der neu in die Klasse gekommen ist ...

Eine

Eine drehte sich um nach ihm, als alle anderen die Köpfe schon wieder über die Bücher beugten. Er nahm das den anderen nicht übel, er wusste, ein Neuer in der Klasse ist nicht so interessant, dass man ihn die ganze Stunde hindurch anstarren könnte, schließlich ging der Unterricht weiter. Und er musste eben da sitzen und sich eingewöhnen.
Aber die eine im blauen Kleid sah immer wieder hin zu ihm, nicht neugierig, noch nicht einmal lächelnd. Das Profil, das sie ihm zeigte, manchmal auch noch ein bisschen Wangenfläche dazu, war ernst und aufmerksam, als habe sie über ihn nachzudenken. Das halbe Klassenzimmer lag zwischen ihnen, und er konnte ihre Augenfarbe nicht erkennen. Braun, schätzte er, und ein paar Sommersprossen auf der Miene, und das ganze Gesicht ein bisschen zu mager. Die gehört nicht zu den Niedlichen, dachte er, die sich um einen Neuen kümmern, weil das so gut passt zu ihrer Niedlichkeit und weil sie dann noch einen haben, der sie nett findet. Die gehört vielleicht noch nicht mal zu den Netten.

Eine Struppige ist das, überlegte er, eine, die kicken kann, fast wie ein Junge, und plötzlich wegläuft, wenn man glaubt, sie sei ein Kumpel. Eine, die nicht mit Freundinnen kichert und tuschelt, sondern viel allein herumläuft, nicht spazierengeht, sondern eben herumläuft, und die allerhand kennt in der Stadt. Eine, von der man manches erfahren kann, aber nicht unbedingt das, was zählt.

Es fiel ihm ein, dass er sich irren könnte, aber er glaubte es nicht. Ich werde ihr ein Zeichen geben, sagte er sich, und wenn sie reagiert, dann habe ich mich nicht geirrt. Dann ist sie eine, die ich mögen könnte, zumindest mögen.

Als sie sich wieder umsah, lächelte er. Da stand sie auf und brachte ihm ihr Buch. Fast unfreundlich legte sie es vor ihn auf den Tisch; er sah dabei, dass sie magere Finger hatte mit ganz kurzen Nägeln, das passte auch. „Danke, ich geb's dir nachher wieder", sagte er schnell, bevor sie etwas sagen konnte. Sie nickte und ging zurück an ihren Platz.

Alle beugten die Köpfe über die Bücher, er auch. Aber er gab Acht, dass er den Augenblick nicht verpasste, in dem sie sich noch einmal nach ihm umschaute und beinah lächelte... (Irmela Brender)

„Eine" ist eine ermutigende Geschichte. Und eine interessante, obwohl sich (zumindest in diesem Textauszug) nichts Auffälliges ereignet.

3 Welche Informationen erhältst du über das Aussehen des Mädchens?

4 Aus welcher Sicht erfährst du als Leser oder Leserin etwas über das Mädchen?

5 Im Folgenden sind noch einmal in Form von Zitaten einige Verhaltensweisen des Mädchens aufgelistet. Trage die passenden Zeilenangaben ein. Schreibe anschließend auf, welche Schlüsse du aus dem Verhalten ziehen kannst.

Verhaltensweise	Schlüsse, die du als Leser/Leserin ziehen kannst
• „Eine drehte sich um nach ihm, als alle anderen..." (Z. ...)	
• „... sah immer wieder hin zu ihm..." (Z. ...)	
• kein neugieriges Lächeln (Z. ...)	
• bringt ihm, fast unfreundlich, ein Buch (Z. ...)	
• sie nickt schweigsam (Z. ...)	

6 Die Charakterisierung kann sich auf die Eigenschaften eines Menschen beziehen, auf seine Gefühle, Einstellungen und Interessen. Dabei kann direkt (die Eigenschaft eines Menschen wird direkt benannt) oder indirekt (aus der Verhaltensweise muss auf eine Eigenschaft geschlossen werden) charakterisiert werden. Kreuze an, ob es sich bei den Beispielen aus der Geschichte um eine direkte oder indirekte Charakterisierung handelt:

Direkte Charakterisierung		Indirekte Charakterisierung
☐	„Eine Struppige ist das", überlegte er.	☐
☐	Aber die eine sah immer wieder zu ihm hin.	☐
☐	„Die gehört nicht zu den Niedlichen."	☐

Ergebnis/Weiterarbeit

⇒ Du hast die wichtigsten Merkmale einer Personenbeschreibung und Personencharakteristik kennengelernt und damit das Kapitel „Beschreiben" vollständig erarbeitet!

⇒ Wenn du dich sicher fühlst, ergänze nun den Eingangstest auf Seite 44.

⇒ Lies ansonsten den Merktext für alle Formen der Beschreibung noch einmal durch (S. 61–64) und gehe dann zum Test zurück.

Auf einen Blick: Merkmale des Beschreibens

Beschreiben kannst du Gegenstände, Tiere, Pflanzen, Vorgänge, Bilder und Personen. Mit einer guten Beschreibung gelingt es dir, dass sich deine Zuhörer oder Leser das Beschriebene gut vorstellen können: Sie lernen etwas oder jemanden genauer kennen oder verstehen, wie etwas funktioniert.
Wenn du beschreibst, teilst du in der Regel etwas mit, ohne weitere Nebenabsichten (wie z. B. Bewunderung) zum Ausdruck bringen oder jemanden zu etwas überreden zu wollen. Es geht lediglich um eine möglichst genaue Darstellung. Die Sprache passt sich diesem Ziel an: Die Sätze sind überschaubar, die Adjektive treffend. Meistens sind Fachausdrücke nötig und Vergleiche mit ähnlichen Gegenständen oder Abläufen helfen den Zuhörern oder Lesern, dich besser zu verstehen. – Vermeiden solltest du:

- auffällige Wortwiederholungen (ersetze die Wörter durch passende andere);
- gleichförmigen Satzbau.

Als Zeitform wählst du die Gegenwart (das Präsens), weil du etwas beschreibst, was längere Zeit so bleibt oder oft wiederholbar ist.

Gegenstandsbeschreibung

- Der Gegenstand wird sachlich genau und in einer geordneten Reihenfolge (Absätze) beschrieben.
- Dabei kannst du so vorgehen:
  - Benennung des Gegenstandes, eventuell: Verwendungszweck
  - Der Gegenstand als Ganzes (Hinweise auf Größe, Form, Farbe oder Materialbeschaffenheit)
  - Die Einzelheiten nach räumlicher Ordnung:
    von oben nach unten oder von innen nach außen oder von links nach rechts
  - Angabe besonderer Kennzeichen oder der wichtigsten und auffälligsten Einzelheit
- Je nach Absicht deines Textes kann ein abschließender Absatz hinzugefügt werden, in dem du ein Urteil formulierst oder etwas über den Erhaltungszustand sagst.

Vorgangsbeschreibung

- Ein Vorgang wird möglichst vollständig, aber auch so knapp wie möglich beschrieben.
- Das problemlose Wiederholen eines Vorganges ist das Ziel der Beschreibung.
- Es ist sinnvoll, den Vorgang in drei Schritten zu beschreiben:
  - Voraussetzungen, damit der Vorgang ablaufen kann (zum Beispiel Zutaten bei einem Kochrezept, benötigtes Material und Werkzeug bei einer Bastelanleitung)
  - Beschreibung der einzelnen Schritte des Vorgangs in der richtigen zeitlichen Reihenfolge
  - Ergebnis des Vorgangs (zum Beispiel: Wie ist die erbrachte Leistung zu erkennen? Wann ist das Spiel beendet?)
- Bei der Beschreibung eines Vorgangs schleicht sich häufig das „und" oder das „und dann..." ein. Probiere doch einmal zur Abwechslung: zunächst, nun, jetzt, anschließend, im Anschluss daran, später, schließlich, zum Schluss.
- Bei Vorgangsbeschreibungen kannst du deine Zuhörer oder Leser unterschiedlich anreden:
  - Du redest jemanden direkt an: „Du reißt das Schwungbeinknie nach vorn."
  - Du verwendest das Pronomen „man": „Man reißt das Schwungbeinknie nach vorn."
  - Du setzt infinite Verbformen ein: „Das Schwungbeinknie nach vorn reißen."

Bildbeschreibung

Mit Bildbeschreibungen zeichnet man das nach, was der Betrachter sieht: Man „fotografiert" sozusagen mit Worten.
Aber Bilder lösen beim Betrachten auch Gefühle aus. Sie fordern manchmal auch zum Nachdenken und Deuten heraus; und das alles in einer Bildbeschreibung „unter einen Hut" zu bringen ist gar nicht so einfach. Die folgende Aufstellung gibt dir Anhaltspunkte dafür, was alles zu einer Bildbeschreibung gehören kann (versuche, nicht alle Punkte dieser Tabelle – das gilt vor allem für 2. und 3. – nacheinander „abzuhaken").

1. Einleitung	– Künstler und Bildtitel (falls bekannt), – Art des Bildes (Foto, Filmplakat, Zeichnung, Gemälde, ...),

- Bildinhalt im Überblick, Hinweis auf die Hauptsache
- Standpunkt des Betrachters, von dem aus das Dargestellte wiedergegeben wird.

2. Aufbau des Bildes:
- Betrachte das Bild als Fläche (du kannst es dazu zum Beispiel mithilfe einer Längs- und einer Querachse aufteilen):

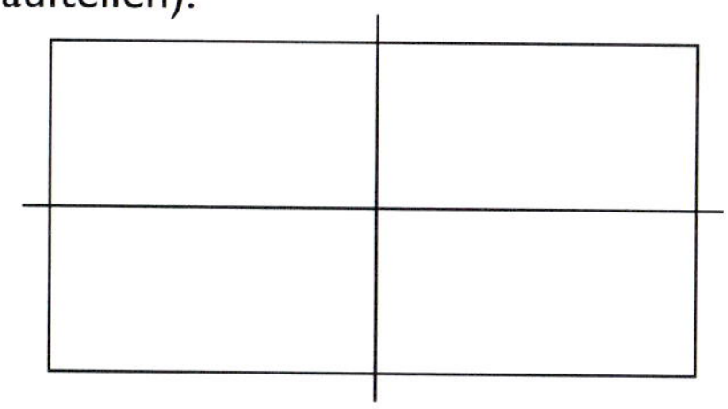

- Du kannst auch in die Tiefe des Bildes schauen (Vordergrund, Mittelgrund, Hintergrund).

3. Beschreibung der Details:
- Mimik, Gestik, Haltung einer Figur,
- Licht und Schatten,
- Ruhe und Bewegung,
- Farbgestaltung der Gegenstände,
- etwas aus der Umgebung.
Je schärfer du solche Details erfasst, desto wirkungsvoller wird deine Beschreibung!

4. Schluss:
- Hier formulierst du einen Gesamteindruck; du kannst werten, die Wirkung des Bildes auf dich beschreiben, seine Stimmung charakterisieren und das Bild deuten, z. B. im Hinblick auf Aussage, Charakter oder Stimmung.

Personenbeschreibung

- Mit der Personenbeschreibung beschreibst du das Aussehen eines Menschen. Die Personenbeschreibung gibt den äußeren Eindruck von einer Person wieder, der besonders gut erfasst ist, wenn die besonderen Merkmale der Person hervorgehoben werden.
- Die Personenbeschreibung kannst du so aufbauen:
  - Falls es möglich ist, gibst du Hinweise auf die Situation, in der sich die zu beschreibende Person befindet, und auf die Haltung oder Tätigkeit der Person. Auch Angaben zum Geschlecht, Alter und zur Größe fließen hierbei ein.

- Beschreibung des Kopfes
- Beschreibung des übrigen Körpers, speziell des Körperbaus (Schultern, Oberkörper, Arme, Beine)
- Beschreibung der Kleidung (in der Regel von oben beginnend)

- Zum Schluss noch einige Tipps, um die Personenbeschreibung sprachlich etwas abwechslungsreicher zu gestalten:
  - Gib dir Mühe, besonders kennzeichnende Adjektive zu verwenden.
  - Verändere den Satzbau ab und zu so, dass du einen Satz nicht immer mit dem Subjekt (Wer oder Was?) beginnst; zum Beispiel kannst du mit adverbialen Bestimmungen (Wo? Wie? ...) einleiten.
  - Verbinde einzelne kurze Hauptsätze.
  - Veranschauliche deine Beschreibung mithilfe von Vergleichen.

Personencharakteristik

- Mit der Charakterisierung sagst du auch etwas zum Wesen einer Person. Du blickst gewissermaßen hinter die Fassade in das Innere eines Menschen, deshalb ist es besonders wichtig, verletzende und beleidigende Äußerungen zu unterlassen.
- Die Charakterisierung kann sich auf die Eigenschaften eines Menschen beziehen, auf seine Gefühle, Einstellungen und Interessen.
- Man unterscheidet die direkte und die indirekte Charakterisierung:
  - **direkte Charakterisierung:** Die Eigenschaft eines Menschen wird direkt beschrieben.
    („Eine Struppige ist das", überlegte er, „eine ..., von der man manches erfahren kann.")
  - **indirekte Charakterisierung:** Die Eigenschaft muss aus der Verhaltensweise erschlossen werden.
    („Eine drehte sich um nach ihm, als alle anderen die Köpfe schon wieder über die Bücher beugten."
    → Sie interessiert sich für den Jungen, der neu in die Klasse gekommen ist.)

4 Erzählungen beschreiben und deuten

Erzählungen beschreiben und deuten

Eine Erzählung kann man wie einen Gegenstand, ein Bild oder eine Person beschreiben. Eine genaue Beschreibung hilft dir, den Text besser zu verstehen.

Teste dein Wissen

Ein guter Einstieg in die Textbeschreibung gelingt, wenn man den __________________________ untersucht.

Neben sprachlichen Auffälligkeiten solltest du für eine Textbeschreibung vor allem die __________________________ untersuchen.

Darauf solltest du achten, wenn du die sprachlichen Auffälligkeiten eines Textes herausfinden willst:

____

____

____

Nenne drei Formen bildhafter Sprache:

____

____

____

Deine Beschreibung und Deutung einer Erzählung solltest du veranschaulichen und bekräftigen, indem du häufiger __________________ . Dadurch bezieht man seine Überlegungen immer wieder auf die Erzählung.

Mögliche Punktzahl (pro richtige Antwort 1 Punkt): 9

Erreichte Punktzahl

vor dem Üben: __________

nach dem Üben: __________

1. „Als wate er in Schlamm" – In Bildern sprechen und schreiben

Im Folgenden findest du zwei Texte, die beide von der Schlussphase eines spannenden Fußballspiels erzählen:

Text 1

Noch einmal bäumten sich die Platzherren gegen die drohende Niederlage auf. Alle Spieler wurden vom Trainer nach vorne geworfen. Die Gäste schlugen die Bälle kopflos ins Aus und konnten sich nicht mehr aus der Umklammerung des Gegners befreien. Dann ein Angriff über den linken Flügel: Eine maßgeschneiderte und butterweiche Flanke erreichte den Mittelstürmer. Der ließ den Ball von der Brust abtropfen, ein knallharter Schuss, und der Ball zappelte im Netz. Ein unhaltbares Tor!

Text 2

Und dann leistete die Heimmannschaft Widerstand. Die Spieler griffen über die linke Seite an. Die Mannschaft befolgte das Konzept des Trainers und alle Spieler orientierten sich nach vorne. Die Verteidigung der gegnerischen Mannschaft konnte den Ball nicht mehr aus der eigenen Hälfte herausspielen. Der Mittelstürmer erhielt einen Pass, den er sicher stoppte. Dann erzielte er ein unhaltbares Tor.

1 Was fällt dir auf, wenn du beide Texte miteinander vergleichst? Notiere deine Beobachtungen:

2 Warum wirken die Texte auf dich als Leser oder Leserin wohl so unterschiedlich?

3 Wenn du den Erzählausschnitt (Text 1) verstehen willst, dann darfst du ihn nicht ganz wörtlich nehmen, denn dann hätte man „kopflose Gäste“ oder Spieler, die von ihrem Trainer „nach vorne geworfen“ werden.
Erkläre deshalb Text 1 mithilfe der Tabelle und fülle die leeren Kästen aus.

Wendungen aus Text 1: bildhafte Darstellung	**Wendungen aus Text 2: Bedeutung der bildhaften Darstellung**
Die Platzherren bäumten sich auf.	
Die Spieler wurden vom Trainer nach vorne geworfen.	
	Ohne nachzudenken oder einen eigenen Angriff einzuleiten, werden die Bälle von den Gästen über die Seitenlinie getreten.
	Den Gästen gelang es nicht, einen Gegenangriff einzuleiten.
	Die Gäste griffen auf der linken Spielfeldseite an.
Eine maßgeschneiderte und butterweiche Flanke.	
	Der Mittelstürmer stoppte den Ball gekonnt mit der Brust.

4 Hier findest du weitere bildhafte Ausdrücke. Nenne die Situation aus dem Sport, die gemeint ist.

a) „Die Schalker wachten plötzlich auf...“

b) „Er zeigte seinem Gegenspieler die Hacken..."

c) „Der schnelle Außenstürmer hat leider nur einen linken Fuß..."

5 Die bildhaften Ausdrücke, die du bisher kennengelernt hast, nennt man Metaphern: In einer Metapher wird ein Wort nicht in seiner eigentlichen („wörtlichen") Bedeutung gebraucht, sondern in übertragener („bildlicher") Bedeutung. Auch ein Vergleich ist eine bildhafte Redeweise, die für Leser und Leserinnen anschaulich wirkt. Wenn man einen Vergleich anwendet, macht man mit bestimmten Wörtern (wie, so...wie, als wenn) deutlich, welche Bereiche miteinander verglichen werden sollen.

Entscheide nun selbst!

Metapher		Vergleich
☐	„Die Schalker rannten kopflos gegen die gegnerische Abwehrmauer an..."	☐
☐	„Als die große Betonschale (gemeint ist ein Fußballstadion) wieder einmal überzulaufen drohte, weil die Volksseele kochte..."	☐
☐	„Der Tennis-Star spielt heute wie ein Adler mit lahmen Flügeln..."	☐
☐	„Wenig elegant säbelte er den Ball im letzten Moment weg..."	☐
☐	„Er läuft, als wenn er Blei in den Schuhen hätte..."	☐

6 Eine besondere Form der Metapher ist die Personifikation. Mit der Personifikation werden Begriffe, Tiere oder Dinge als menschliche Wesen dargestellt. Zum Beispiel:
„Die **Sonne lacht** am Himmel".
Kreuze an, ob es sich bei den folgenden Beispielen um Metaphern oder Personifikationen handelt:

Metapher		Personifikation
☐	„Die Verteidiger mauerten, um das Unentschieden zu halten."	☐
☐	„In der Wand gähnte ein riesiges Loch."	☐

- ☐ „Der Ball zappelte im Netz.“ ☐
- ☐ „Der linke Angriffsflügel der gastgebenden Mannschaft...“ ☐
- ☐ „Die Gefahr drohte ihn zu verschlingen.“ ☐

Zum Schluss dieses Kapitels zur bildhaften Sprache eine kleine Übung. Du findest hier den Beginn einer Erzählung von Herbert Eisenreich:

Der Weg hinaus

Als wate er in Schlamm, so mühsam ging er; die Fußballschuhe hingen wie mit Blei gefüllt an seinen Beinen. Nur gewaltsam, wie gegen einen Orkan ankämpfend, hielt er die Richtung auf den dunklen, unbewegten Halbkreis vor ihm am Grunde der sich steilenden, von wimmelndem Leben quellenden Stufenwand des Stadions, auf jenen Halbkreis, der der Kabineneingang war. Den steuerte er an wie ein leckes Schiff bei schwerem Seegang den Hafen.

Hinter ihm war das unterbrochene Spiel wieder angepfiffen worden, das lenkte die meisten Augen von seinem Hinausgehen ab. Die aber, die neben und über dem Kabineneingang standen, sahen ihn näher kommen, und je näher er kam, desto mehr Blicke sammelten sich auf ihm; wie eiserne Pfeilspitzen von einem Magneten angezogen, lenkten diese Blicke sich auf ihn, gebündelt stachen sie auf ihn [...] ein.

(Herbert Eisenreich)

7 Fasse den Inhalt des Erzählausschnitts mit eigenen Worten kurz zusammen.

8 Im Text sind mehrere Vergleiche enthalten. Schreibe fünf davon heraus. Suche ebenfalls eine Metapher und eine Personifikation und notiere sie. Schreibe hinter die Ausdrücke jeweils die entsprechende Zeilenangabe.

fünf Vergleiche:

eine Metapher:

eine Personifikation:

9 Schreibe in einem kurzen Text auf, was durch diese bildhaften Formulierungen verdeutlicht wird.

Ergebnis/Weiterarbeit

⇒ In diesem Kapitel hast du Beispiele für **Metaphern, Personifikationen** und **Vergleiche** aus der Sportsprache kennengelernt. Die Personifikation bildet eine besondere Form der Metapher.

⇒ Metaphern, Personifikationen und Vergleiche wollen Vorstellungen und Gefühle beim Leser ansprechen und so einen Sachverhalt veranschaulichen.

⇒ In Erzählungen (wie auch in Gedichten) spielt die bildhafte Sprache (in Form von Metaphern, Personifikationen und Vergleichen) eine wichtige Rolle.
Wenn du Texte beschreibst, solltest du neben der Sprache ebenso die **Figuren** in einem Text untersuchen. Dazu mehr im nächsten Abschnitt.

2. „Tom und der Neue" – Figuren aus Erzählungen beschreiben

Im Folgenden findest du einen Ausschnitt aus dem berühmten Roman „Die Abenteuer Tom Sawyers" von Mark Twain (1835–1910). In seinem Vorwort schreibt Mark Twain 1876, dass er oder seine Schulkameraden die meisten Abenteuer dieses Buches selbst erlebt haben. – Acht Jahre später (1884) erschien dann: „Die Abenteuer und Fahrten des Huckleberry Finn".

Tom und der Neue

Der Sommerabend war lang, und noch war es nicht dunkel. Plötzlich hörte Tom zu pfeifen auf. Ein fremder Junge stand vor ihm, kaum größer als er selbst. Eine neue Bekanntschaft, einerlei, welchen Alters und Geschlechts, war in dem armseligen kleinen St. Petersburg schon ein Ereignis. Der Junge war gut gekleidet – eigentlich zu gut für einen Werktag. Seine Mütze war elegant, seine eng anliegende blaue Jacke neu und sauber, auch seine Hose. Er hatte Schuhe an. Und dabei war es erst Freitag! Er trug sogar ein Halstuch, ein wahres Monstrum von einem Tuch. Überhaupt ging von ihm etwas aus, was Tom geradezu herausforderte. Je länger Tom den Neuen anstarrte, umso mehr rümpfte er die Nase über so viel Geziertheit, und sein eigenes Äußeres kam ihm immer schäbiger vor. Beide sagten nichts. Wollte einer ausweichen, dann wollte der andere auch ausweichen, und natürlich nach derselben Seite. Sie sahen einander lange und herausfordernd in die Augen. Endlich sagte Tom: „Soll ich dich verhauen?"

„Das möchte ich mal sehen!"

„Kannste gleich sehen!"

„Traust dich nicht!"

„Klar trau' ich mich!"

„Ph!"

„Klar trau' ich mich!"

„Angeber!"

„Ich trau' mich!"

Nach einer ungemütlichen Pause...

(Mark Twain)

... geht es dann eine ganze Weile so weiter. Tom und der Neue drohen sich Prügel an, bis sie sich dann schließlich im Straßenstaub wälzen und Tom den fremden Jungen vertreibt.

Tom kommt ziemlich spät nach Hause, und als er vorsichtig durchs Fenster klettert, stößt er auf ein „Hindernis" in Form seiner Tante, die – nach kurzer Inspektion seiner Kleider – ein Wochenende Hausarrest für Tom verhängt.

Schon mit dem hier abgedruckten Anfang der Erzählung kann man in die Textbeschreibung einsteigen:

1 Was ist der Ort des Geschehens? Welche Angaben werden über ihn gemacht?

2 Wann ereignet sich das Erzählte?

3 Welche Figuren sind beteiligt?

4 Welcher Konflikt ist im Erzählanfang angelegt?

Die Textbeschreibung kannst du vertiefen, wenn du nach der Untersuchung des Erzählanfangs näher auf die beteiligten Figuren eingehst:

5 Wie beschreibt Mark Twain das Aussehen der Jungen?

Der Neue:

Tom:

6 Welche Eigenschaften haben die beiden Hauptfiguren?

7 Bei einer Textbeschreibung solltest du deine Beobachtungen mit Stellen aus dem von dir untersuchten Text belegen. Diese Stellen kennzeichnest du wie eine wörtliche Rede und fügst die passenden Zeilenangaben hinzu.
Zum Beispiel kannst du Ort und Zeit der Handlung so belegen:
Das Geschehen ereignet sich „in dem armseligen kleinen St. Petersburg" (Z. 4) an einem „Sommerabend" (Z. 1).

Belege nun die gute Kleidung des Neuen, die Tom so schäbig erscheinen lässt, mit einem Zitat:

„Seine Mütze ... ____________________

____

____________________ (Z. ...)

Ergebnis/Weiterarbeit

⇒ Zunächst ging es um die Untersuchung des **Erzählanfangs**; mit dieser Untersuchung kann man in die Textbeschreibung einsteigen.

⇒ Die Textbeschreibung wird durch die Untersuchung der beteiligten **Figuren** vertieft.

⇒ Man belegt seine Untersuchungen mit passenden **Zitaten**.

⇒ Der letzte Abschnitt dieses Kapitels gibt dir einige Hinweise, wie ein **zusammenhängender Text** aufgebaut werden kann.

3. „Nachts schlafen die Ratten doch" – Einen Textauszug im Zusammenhang beschreiben und deuten

Nachts schlafen die Ratten doch

Die Kurzgeschichte „Nachts schlafen die Ratten doch" wurde kurz nach dem Zweiten Weltkrieg von Wolfgang Borchert geschrieben. Sie handelt von einem kleinen Jungen, der in den Trümmern seines zerstörten Hauses sitzt und darauf aufpasst, dass sein verschütteter Bruder nicht von Ratten gefressen wird. Einem alten Mann gelingt es, ihn von seinem sinnlosen Tun abzuhalten und ihm wieder neuen Lebensmut zu verschaffen, indem er behutsam auf den Jungen eingeht. Am Schluss verlässt der alte Mann den Jungen, um ein Kaninchen zu holen, welches er ihm schenken will. Im Folgenden sind der Anfang und der Schlussteil der Kurzgeschichte abgedruckt.

Das hohle Fenster in der vereinsamten Mauer gähnte blaurot voll früher Abendsonne. Staubgewölke flimmerte zwischen den steil gereckten Schornsteinresten. Die Schuttwüste döste. Er hatte die Augen zu. Mit einmal wurde es noch dunkler. Er merkte, dass jemand gekommen war und nun vor ihm stand, dunkel, leise. Jetzt haben sie mich!, dachte er ...

Im Hauptteil erfährt der Leser, wie es dem Mann langsam gelingt, das Vertrauen des Jungen zu gewinnen.

... Er [der alte Mann] lief mit seinen krummen Beinen auf die Sonne zu. Die war schon rot vom Abend, und Jürgen konnte sehen, wie sie durch die Beine hindurchschien, so krumm waren sie. Und der Korb schwenkte aufgeregt hin und her. Kaninchenfutter war da drin. Grünes Kaninchenfutter, das war etwas grau vom Schutt. (Wolfgang Borchert)

1 Fasse kurz zusammen, worum es in den beiden Abschnitten inhaltlich geht.

Erzählanfang: ______________________________

____

____

Schlussteil: ______________________________

____

____

2 Unterstreiche in den Abschnitten einige Wörter, die die jeweilige Atmosphäre in besonderer Weise deutlich machen, und trage sie in die Tabelle ein. Für einige sprachliche Besonderheiten kennst du vielleicht schon den Fachausdruck. Schreibe ihn nach Möglichkeit hinter das Wort. Im Einzelnen handelt es sich hier u.a. um: Metapher, Personifikation, Verb der Bewegung, Verb der Ruhe.

Erzählanfang	Schlussteil
– Schuttwüste (Metapher)	– lief (Verb der Bewegung)

3 Schreibe einige Begriffe auf, mit denen die unterschiedliche Atmosphäre in den beiden Teilen verdeutlicht werden könnte.

Erzählanfang: Zerstörung, ______________________________

____

Schlussteil: Aktivität, ______________________________

____

4 Beschreibe den Satzbau der ersten Sätze der Kurzgeschichte. Welche Wirkung entsteht durch den Satzbau?

5 Wie verhalten sich die Personen? Welche Empfindungen bringen sie zum Ausdruck?

6 Versuche nun, die beiden Abschnitte in einem zusammenhängenden Text zu beschreiben und zu deuten. – Orientiere dich dabei an folgender Gliederung:

- Nenne im einleitenden Teil die Textart, Autor und Titel. Gehe im Überblick auf den Inhalt und das Thema der beiden Textausschnitte ein.
- Beschreibe den Ort des Geschehens, untersuche die Figuren und beziehe sprachliche Auffälligkeiten (Metaphern, Wortwahl) mit ein.
- Formuliere im Schlussteil noch einmal eine kurze Zusammenfassung.

Ergebnis/Weiterarbeit

⇒ In diesem Abschnitt ging es darum, viele Einzelbeobachtungen zum Text zu einer zusammenhängenden Textbeschreibung und Deutung zusammenzufügen.

⇒ Die Übersicht auf Seite 77 fasst die wichtigsten Gesichtspunkte zusammen, die du für die Beschreibung und Deutung eines Textes berücksichtigen kannst.

Auf einen Blick: Die Beschreibung und Deutung einer Erzählung

So wie man ein Bild, eine Person oder einen Gegenstand beschreiben kann, lässt sich auch ein Text beschreiben. Die genaue Beschreibung eines Textes hilft dir, den Text besser zu verstehen und angemessen zu deuten. – Wenn nach der **Wirkung** der sprachlichen Auffälligkeiten und der **Aussageabsicht des Textes** gefragt wird, spricht man von Textdeutung.

- **Der Einstieg in die Textbeschreibung**
  Ein guter Einstieg in die Textbeschreibung gelingt dir, wenn du den **Beginn der Erzählung** untersuchst (= Analyse des Erzählanfangs): Die Autorin oder der Autor eines Textes weckt schon von Anfang an Neugierde, die zum Weiterlesen reizt. Zur Beschreibung des Erzählanfangs solltest du dich fragen:
  - Was ist der Ort des Geschehens? Werden nähere Angaben hierzu gemacht, zum Beispiel: Welche Atmosphäre wird deutlich?
  - Wann ereignet sich das Erzählte?
  - Gibt es wichtige oder auffällige Gegenstände?
  - Welche Figuren sind beteiligt?
  - Welcher Konflikt/welches Thema/welches Problem ist in der Ausgangslage angelegt?
    Was löst die Handlung aus? – Zur Beantwortung dieser Frage ist manchmal auch der Titel einer Erzählung wichtig!

Wenn du deine Textbeschreibung vertiefen möchtest, solltest du vor allem die Figuren im Text untersuchen und sprachliche Auffälligkeiten herausarbeiten.

- **Figuren**
  Zu den Figuren kannst du dir überlegen:
  - Welches sind die Hauptfiguren und welche Eigenschaften haben sie?
  - Wie verhalten sie sich? Wie verhalten sie sich zueinander?
  - Warum verhalten sie sich so (Beweggründe, Motive, Ziele)?

Die folgende Auflistung hilft dir, die sprachlichen Auffälligkeiten eines Textes herauszufinden:

- **Wortwahl**
  Fällt etwas daran auf, wie der Autor zum Beispiel Verben und Adjektive einsetzt?
- **Satzbau**
  Sind die Sätze eher verschachtelt (Satzgefüge) oder einfach aneinandergereiht (Satzreihe)?
  Sind die Sätze, zum Beispiel um die Spannung zu steigern, so verkürzt, dass sie unvollständig sind (= Ellipse)?

- **Bildhaftigkeit** der Sprache
  Unterscheide hier:
  - **Metapher:** Ein Wort wird nicht in seiner eigentlichen („wörtlichen") Bedeutung gebraucht, sondern in übertragener („bildlicher") Bedeutung.
  - **Personifikation:** Das ist eine besondere Form der Metapher, bei der Begriffe, Tiere oder Dinge als menschliche Wesen dargestellt werden, sie werden personifiziert.
  - **Vergleiche:** Bestimmte Wörter (als, wenn, wie, so...wie) machen deutlich, welche Bereiche man miteinander vergleichen will.

Beim Gebrauch von Bildern in der Sprache geht es darum, die Vorstellungen und Gefühle beim Leser anzusprechen und einen abstrakten Begriff, einen Sachverhalt oder eine Stimmung zu veranschaulichen.

- So solltest du vorgehen, wenn du eine Erzählung in einem **zusammenhängenden Text** beschreibst und deutest:
  - Weise in einem **einleitenden Teil** auf die Textart (hier: Erzählung) hin und nenne Autor, Titel und – falls bekannt – Erscheinungsjahr. Gehe im Überblick auf das Thema und eventuell kurz auf den Inhalt der Erzählung ein.
  - Im **Hauptteil** untersuchst du zum Beispiel den Ort des Geschehens oder die Figuren. Beziehe dabei sprachliche Auffälligkeiten (Wortwahl, Satzbau, Bildlichkeit) und ihre Wirkung auf dich als Leser oder Leserin mit ein. Dafür kannst du Abschnitt für Abschnitt vorgehen.
  - Formuliere im **Schlussteil**, welche Aussageabsicht die Erzählung für dich hat. Du kannst auch wertend darauf eingehen, was dir an der Erzählung gefällt, nicht gefällt oder nachdenkenswert erscheint.

Deine Beschreibung und Deutung solltest du mit dem Hinweis auf einzelne Textstellen bekräftigen, indem du zitierst. Die zitierte Stelle aus dem von dir untersuchten Text kennzeichnest du wie eine wörtliche Rede und fügst die passende Zeilenangabe hinzu. Die **Zitate** sollen zeigen, dass deine Ergebnisse der Erzählung angemessen sind.

Ergebnis/Weiterarbeit

⇒ Nun bist du auf die Beschreibung und Deutung einer Erzählung – man spricht kurz auch von „Textanalyse" oder „Textinterpretation" – gut vorbereitet.

⇒ Kontrolliere, ob du die wichtigsten Stichwörter für eine Textanalyse noch beherrschst. Gehe dazu zurück zum Test (S. 66) und ergänze die Lücken. Die Lösungen findest du im Lösungsheft auf Seite 18.

5 Gedichte beschreiben und deuten

Gedichte beschreiben und deuten

Auch ein Gedicht kann man beschreiben,
wobei es vor allem darauf ankommt,
die sprachlichen Besonderheiten zu untersuchen. –
Ein Gedicht zu beschreiben und zu deuten ist längst nicht
so schwierig, wie oft behauptet wird.

Teste dein Wissen

Bei der Beschreibung und Deutung eines Gedichtes kommt es vor allem darauf an, einen Zusammenhang zwischen ____________________ und ____________________ herzustellen.

Besonders wichtig ist die Untersuchung der ____________________.

Wenn du für die Beschreibung eines Gedichtes den sprachlichen Auffälligkeiten auf die Spur kommen willst, kannst du danach fragen:

______________________________,

______________________________,

______________________________,

______________________________,

______________________________.

Ergänze: Das Metrum ist ______________________________

____

Bezeichne diese drei Reimformen:

a a b b: ____________________

a b a b: ____________________

a b b a: ____________________

Mögliche Punktzahl (pro richtige Antwort 1 Punkt): 12

Erreichte Punktzahl
- vor dem Üben: __________
- nach dem Üben: __________

1. „Urlaub" – Spiele mit Reim und Vers

Bestimmt kennst du schon einige Gedichte von Heinz Erhardt. Hier findest du einen Text von ihm, der allerdings zuerst noch zu einem Gedicht werden muss:

Urlaub im Urwald. Ich geh' im Urwald für mich hin ... Wie schön, dass ich im Urwald bin: Man kann hier noch so lange wandern, ein Urbaum steht neben dem andern. Und an den Bäumen, Blatt für Blatt, hängt Urlaub. Schön, dass man ihn hat!

(Heinz Erhardt)

1 Versuche nun, den Text in eine andere Form zu bringen, um ein Gedicht daraus zu machen. Ordne dazu die Wörter in Verszeilen an.

2 Das Gedicht wirkt durch das Spiel mit dem Wort „Urlaub" komisch. Beschreibe das Wortspiel von Heinz Erhardt. Eine kleine Hilfe: „Urlaub"/„Ur-Laub"

3 Zur Lösung von Aufgabe 1 konntest du dich am Reim orientieren:

... hin	(a)
... bin	(a)
... wandern	(b)
... andern	(b)
... Blatt	(c)
... hat	(c)

Diese Reimform nennt man

______________________.

Dieses sind wichtige Reimformen:

Paarreim:	a a, b b ...
Kreuzreim:	a b a b ...
Umschließender Reim:	a b b a ...

4 Hier sind zwei Gedichte „ineinandergeraten“. Zwar kannst du die Verszeilen erkennen, aber Sinn macht das Ganze noch nicht. Ordne deshalb die Verszeilen zu zwei Gedichten. Ein Tipp: Das Gedicht von Christine Nöstlinger hat 14 Verse und beginnt mit dem Wort „Cola“.

Mein Vater

Mein Vater

Cola schmeckt wie Wanzengift,
sagt mein Vater
immer nach dem ersten Bier.
Er bindet mir die Schuhe zu,
Cola ist ein ausländischer Dreck,
sagt mein Vater
immer nach dem zweiten Bier.
er spielt mit mir gern Blindekuh,
Cola frisst den Magen auf,
sagt mein Vater
immer nach dem dritten Bier.
er macht mir für mein Kuscheltier
Cola zersetzt das Hirn,
sagt mein Vater
immer nach dem vierten Bier.
einen Hut aus Glanzpapier,
Nach dem fünften Bier
er nimmt mich in den Arm,
sagt er nichts mehr.
hab ich mir wehgetan.

(Christine Nöstlinger)

(Regina Schwarz)

5 Sieh dir, wenn du die Aufgabe 4 gelöst und kontrolliert hast, die beiden Väter im Gedicht einmal an und beschreibe sie mit Stichwörtern oder knappen Sätzen.

Der Vater bei Regina Schwarz	Der Vater bei Christine Nöstlinger
● Er ist hilfsbereit.	● Er trinkt viel Bier.
●	●
●	●
●	●
●	●

6 Auch beim Ordnen des Gedichts von R. Schwarz hat dir der Reim geholfen. Kannst du erkennen, wodurch das Gedicht von Chr. Nöstlinger eine Ordnung erhält?
Ein Tipp: Schau dir genau an, wie es aufgebaut ist, und beschreibe den Aufbau stichwortartig.

Ergebnis/Weiterarbeit

⇒ Die **Anordnung in Verszeilen** ist das erste wichtige Erkennungsmerkmal von Gedichten.

⇒ In der Regel sind die Verszeilen zu **Strophen** geordnet.

⇒ Neben der Verszeilenanordnung ist die auffällige **Wiederholung** bestimmter Wörter und Wendungen ein weiteres Kennzeichen von Gedichten.

⇒ Zur „Wiederholung in Gedichten" arbeite nun mit Abschnitt 2 weiter.

2. „Am Meer" – Wiederholungen in Gedichten

Erich Fried (1921–1988) musste schon als Jugendlicher vor den Nationalsozialisten fliehen und lebte dann in London. Er schrieb politische Gedichte und Liebesgedichte und hatte immer eine besondere Beziehung zum Meer:

Meer

Wenn man ans Meer kommt
soll man zu schweigen beginnen
bei den letzten Grashalmen
soll man den Faden verlieren

und den Salzschaum
und das scharfe Zischen des Windes
einatmen
und ausatmen
und wieder einatmen

Wenn man den Sand sägen hört
und das Schlurfen der kleinen Steine
in langen Wellen
soll man aufhören zu sollen
und nichts mehr wollen wollen
nur Meer

Nur Meer

(Erich Fried)

1 Mit diesem Text beschreibt Erich Fried die besondere Wirkung, die das Meer auf ihn ausübt. Was soll man tun, wenn man ans Meer kommt?
„Wenn man ans Meer kommt, soll man ..."

Z. 2: ____________________

Z. 3/4: ____________________

Z. 5 – 9: ____________________

Z. 13 –15: ____________________

2 Beachte noch einmal die Zeilen 4, 13 und 14. Was könnten diese Verszeilen bedeuten?

Z. 4 („soll man den Faden verlieren") und

Z. 13–14 („soll man aufhören zu sollen/und nichts mehr wollen wollen"):

____

____

____

____

3 Lies dir das Gedicht in Ruhe vor. Versuche nun, einige Begriffe zu finden, mit denen du die Stimmung, in die das Gedicht dich versetzt, beschreibst:

Ruhe, ____________________

____

4 Markiere im Text einige der Wiederholungen farbig. Benutze eine Farbe für das Wort „Meer", eine weitere für „und" und eine dritte für „ein-/ausatmen." Kannst du dir vorstellen, welchen Leseeindruck die Wiederholungen bewirken? Kreuze an:

- ☐ Das regelmäßige „und" unterstreicht die Ruhe, die vom Text ausgeht.
- ☐ Der Text wirkt durch die Wiederholungen so eintönig wie das Meer selbst.
- ☐ Die Verszeilen 7 bis 9 lassen beim Sprechen das Heranrollen und Zurückweichen der Wellen nachempfinden.

☐ Das Wort „Meer“ ist der zentrale Begriff des Gedichtes. Durch die Wiederholung dieses Begriffes bekommt das Gedicht einen Rahmen und wirkt geordnet.

☐ Durch die Wiederholungen wird es schwieriger, das Gedicht zu verstehen.

5 Im vorigen Abschnitt ging es um die Anordnung eines Gedichttextes in Verszeilen. Fällt dir am Ende von Erich Frieds Gedicht eine Besonderheit der Verszeilenanordnung auf? Kannst du ihre Wirkung kurz beschreiben?

Ergebnis/Weiterarbeit

⇒ In neueren Gedichten verzichten die Autoren häufig auf eine gleichmäßige Aufteilung des Textes in Strophen und auf den Reim. Gerade in solchen Gedichten ist die Wiederholung von bestimmten Wörten und Wendungen ein auffälliges Merkmal.

⇒ Im nächsten Abschnitt geht es darum, ein Gedicht in einem zusammenhängenden Text zu beschreiben und zu deuten.

3. „In Danzig“ – Eine schrittweise Beschreibung und Deutung

In Danzig

Dunkle Giebel, hohe Fenster,
Türme tief aus Nebeln sehn,
Bleiche Statuen wie Gespenster
Lautlos an den Türen stehn.

Träumerisch der Mond drauf scheinet,
Dem die Stadt gar wohl gefällt,
Als läg’ zauberhaft versteinet
Drunten eine Märchenwelt.

Ringsher durch das tiefe Lauschen,
Über alle Häuser weit,
Nur des Meeres fernes Rauschen –
Wunderbare Einsamkeit!

Und der Türmer wie vor Jahren
Singet ein uraltes Lied:
Wolle Gott den Schiffer wahren,
Der bei Nacht vorüberzieht!

(Joseph von Eichendorff, 1842)

1 Beantworte in einem kurzen, zusammenhängenden Text folgende Fragen zu dem Gedicht:

- Wer ist der Autor?
- Wie ist der Titel des Gedichts?
- Wann ist es entstanden?
- Worum geht es inhaltlich in diesem Gedicht? Um welche Gedichtart handelt es sich?

2 Kennzeichne das Reimschema, indem du hinter die Verse jeweils einen Buchstaben schreibst. Verse, die sich reimen, erhalten den gleichen Buchstaben. Beginne mit a ...
Du weißt bereits, dass es unterschiedliche Reimformen gibt. Sehr häufig kommen vor:

- Paarreim: aa, bb ...
- Kreuzreim: abab, cdcd ...
- Umschließender Reim: abba, cddc ...

Schreibe die passende Bezeichnung neben die Strophen.

3 In vielen Gedichten sind die Wörter in den Versen so angeordnet, dass eine bestimmte Abfolge betonter und unbetonter Silben entsteht. Man spricht dabei vom Metrum oder Versmaß.

Dieses sind die wichtigsten Versmaße:

1. Jambus:	xx́xx́...	–	Es war, als hätt der Himmel ...
2. Trochäus:	x́xx́x...	–	Dunkle Giebel ...
3. Daktylus:	x́xx x́xx...	–	Pfingsten, das liebliche Fest ...
4. Anapäst:	xxx́ xxx́...	–	Paradies, Paradies ...

Welches Versmaß hat Joseph von Eichendorff verwendet? Die folgenden X-Zeichen stehen jeweils für eine Silbe. Versieh die betonten Silben mit einem Akzent und schreibe darunter, um welches Versmaß es sich handelt.

X́ X X́ X X́ X X́ X Dúnkle Giébel, hóhe Fénster,

X X X X X X X Türme tief aus Nebeln sehn,

X X X X X X X X X Bleiche Statuen wie Gespenster

X X X X X X X Lautlos an den Türen stehn.

4 Welche Wirkung könnte durch die Reimform und durch das Metrum erzielt werden? Kreuze passende Formulierungen an.

- ☐ Beim Lesen wirkt das Gedicht unruhig.
- ☐ Das Gedicht hat Ähnlichkeit mit einem Lied.
- ☐ Reimschema und Metrum bewirken einen ruhigen Leserhythmus.
- ☐ Das regelmäßige Reimschema und das Metrum unterstreichen die ruhige Atmosphäre des Gedichts.
- ☐ Das Gedicht wirkt sehr künstlerisch.
- ☐ Das Gedicht wirkt sehr alltäglich.
- ☐ Das hektische Nachtleben einer großen Hafenstadt wird verdeutlicht.

5 Versuche nun, in einem kurzen, zusammenhängenden Text die formale Gestalt des Gedichts zu beschreiben. Im Einzelnen geht es um:

- Anzahl der Strophen
- Anzahl der Verse
- Reimform
- Metrum/Versmaß
- Wirkung dieser Gestaltungsmittel

6 Und jetzt geht es um den inhaltlichen Aufbau des Gedichts. Übertrage die folgende Tabelle etwas vergrößert in dein Heft. Notiere im linken Teil der Tabelle, worauf der Betrachter in den einzelnen Strophen blickt, was er sieht.

Strophe 1:	
Strophe 2:	
Strophe 3:	
Strophe 4:	

7 Notiere nun im rechten Teil der Tabelle die sprachlichen Auffälligkeiten: Welche Adjektive, Nomen und Verben verdeutlichen die Atmosphäre im Gedicht? Auch einige Personifikationen und ein Vergleich tragen zur besonderen Stimmung bei.

8 Welche Wirkung erzielt Joseph von Eichendorff durch die sprachlichen Auffälligkeiten in seinem Gedicht? Kreuze die passenden Aussagen an.

- ☐ Die gespenstische Atmosphäre wird unterstrichen.
- ☐ Der Eindruck der Stadt als Märchenwelt verstärkt sich.
- ☐ Die Lebhaftigkeit der Hafenstadt Danzig wird deutlich.
- ☐ Der Eindruck von Weite und Einsamkeit wird vertieft.
- ☐ Insgesamt wirkt der Text nüchtern.
- ☐ Die Vorstellungskraft der Leser und Leserinnen wird angeregt.

9 Nun hast du alle wichtigen Ergebnisse für eine gelungene Gedichtbeschreibung und -deutung gesammelt! Die Übersicht auf Seite 89 zeigt dir, wie ein zusammenhängender Text aufgebaut wird.
Verfasse nun eine Beschreibung und Deutung des Gedichtes, indem du die Ergebnisse der Aufgabe ① für deine Einleitung benutzt; die Ergebnisse zu den Aufgaben ⑤ und ⑥ nutzt du für den Hauptteil.

Ergebnis/Weiterarbeit

⇒ Die Aufgaben zum Gedicht „In Danzig" von Joseph von Eichendorff haben dich auf alle Gesichtspunkte aufmerksam gemacht, die du für eine Gedichtbeschreibung benötigst.

⇒ Eine Übersicht über die wichtigsten sprachlichen Auffälligkeiten bei Gedichten und den Aufbau einer Gedichtbeschreibung in einem zusammenhängenden Text findest du auf Seite 89.

⇒ Achte bei der nächsten Klassenarbeit zu einem Gedicht darauf, dass du das Gedicht mithilfe der Leitfragen auf Seite 89 bearbeitest, **bevor** du die Reinschrift im Heft anfertigst!

Auf einen Blick: Die Beschreibung und Deutung eines Gedichts

Vielleicht ist dir bei der Bearbeitung der Gedichte aufgefallen, dass die sprachlichen Auffälligkeiten eines Gedichts (z.B. die Anordnung in Verszeilen, die Wiederholung oder das Metrum) die Aussage des Gedichts unterstreichen und verstärken. Bei der Beschreibung und Deutung eines Gedichts kommt es deshalb vor allem darauf an, diese sprachlichen Auffälligkeiten zu erkennen und in ihrer Wirkung für die Aussage des Gedichts zu erfassen. Ganz kurz ausgedrückt: Bei einer Gedichtbeschreibung und -deutung stellst du einen **Zusammenhang zwischen Form und Inhalt** her.

- Mit diesen Fragen kommst du den wichtigsten sprachlichen Auffälligkeiten „auf die Spur“:
  - Wie sind die **Verszeilen angeordnet,** wie ist der **Strophenbau** des Gedichtes?
    (Verszeilenanordnung und Strophenaufbau weisen manchmal sozusagen schon „äußerlich“ auf Besonderheiten des Gedichtes hin.)
  - Trägt die **Wortwahl** zur Wirkung des Gedichtes bei?
    (Ungewöhnliche Verben, ausdrucksstarke Nomen, fehlende oder besonders auffällige Adjektive, ...)
  - Fallen **Wiederholungen** bestimmter Wörter oder Wendungen auf?
    (Diese Wiederholungen betonen die Bedeutung und Aussage und ordnen das Gedicht.)
  - Wird **bildhaft gesprochen**?
    (Das ist ein häufiges Gestaltungsmittel von Gedichten. Vergleiche dazu die Einheit „Erzählungen beschreiben und deuten“ auf Seite 67.)
  - Werden **Reim und Metrum** für die sprachliche Gestaltung verwendet?
    (Wenn ja: Lässt sich zwischen diesen Gestaltungsmitteln und der Aussage des Gedichtes ein Zusammenhang herstellen?)
    Zur Wiederholung:
    Häufige Reimformen sind der Paarreim (aabb), der Kreuzreim (abab) und der umschließende Reim (abba). Das Metrum ist die Abfolge betonter und unbetonter Silben in einer Verszeile.

- Die Untersuchung der Sprache ist fast wie ein literarisches Detektivspiel. Wenn du dir die Leitfragen einprägst und bei der nächsten Gelegenheit anwendest, kannst du eine Gedichtbeschreibung mit einem Puzzle-Spiel vergleichen: Die einzelnen Beobachtungen zur Sprache ergeben ein in sich stimmiges Bild vom Gedicht.
  Und so baust du deine Beschreibung und Deutung des Gedichtes auf:
  - In der **Einleitung** nennst du Textart, Titel, Entstehungsjahr und Autor des Gedichts. Beantworte kurz, worum es geht, wovon das Gedicht handelt oder was dargestellt wird.

- Gehe im **Hauptteil** zunächst auf die formale Gestalt des Gedichtes ein (Zahl der Strophen oder Verszeilen, Reimschema, Metrum ...).
  Beschreibe dann, welche Gedanken oder Handlungen schrittweise (Strophe für Strophe) entfaltet werden. Achte dabei besonders auf Schlüsselwörter oder Stellen, die für das Thema des Gedichts wichtig sind.
  Beziehe dabei die sprachlichen Auffälligkeiten ein (füge sie nicht einfach am Ende des Hauptteils an) und versuche, deren Wirkung zu beschreiben.
- Zum **Schluss** fasst du die mögliche Aussageabsicht zusammen und formulierst eine persönliche Wertung. Hierzu ein paar Formulierungshilfen:
  „Im Gedicht wird dargestellt / geht es um ..."
  „Sprachlich auffällig ist ... / der Autor, die Autorin nutzt vor allem die Gestaltungsmittel ..."
  „Dadurch wirkt das Gedicht... / dadurch entsteht folgende Wirkung ..."
  „Als mögliche Aussageabsicht ergibt sich... / für mich sagt das Gedicht aus ..."
  „Mir erscheint nachdenkenswert... / mich beeindruckt das Gedicht (nicht), weil... / mir gefällt das Gedicht (nicht), weil ..."

- Achte beim **Schreiben** auf einen sachlichen Stil und schreibe im Präsens. Belege Beobachtungen und Behauptungen durch Zitate und Verweise. – Kennzeichne Vermutungen durch Wendungen wie: „vielleicht, könnte bedeuten, möglicherweise, eventuell, vermutlich".

Ergebnis/Weiterarbeit

⇒ Sprachliche Auffälligkeiten findest du in Gedichten viel häufiger als in anderen Texten. Das macht die Beschreibung von Gedichten etwas schwieriger. Wenn du dich verbessern willst, solltest du diese Übersicht (und möglichst auch die Übungen) in der nächsten Zeit noch ein zweites und drittes Mal durchgehen!

⇒ Versuche nun, zum Schluss die Höchstpunktzahl im Test auf Seite 80 zu erreichen.

6 Argumentieren

Argumentieren

Willst du einen bestimmten Standpunkt vertreten und deine Meinung äußern, kommt es darauf an, mit schlagkräftigen Argumenten zu arbeiten.
Darum geht es in diesem Kapitel.

Teste dein Wissen

- Eine schlagkräftige Begründung für einen Standpunkt: __________

  Eine Äußerung ohne Begründung: __________

- Durch ein __________ überzeugt ein Argument noch mehr.

- Wenn man beim Argumentieren Gründe abwägt („pro und kontra“), spricht man von der __________ eines Sachverhalts.

- Mit verschiedenen Formulierungen kannst du den Zusammenhang deiner Gedanken verdeutlichen. Nenne fünf Beispiele:

  __________,

  __________,

  __________,

  __________,

  __________,

Mögliche Punktzahl (pro richtige Antwort 1 Punkt): 9

Erreichte Punktzahl vor dem Üben: __________

Erreichte Punktzahl nach dem Üben: __________

1. „Schlagkräftig" – Behaupten oder argumentieren?

Wenn du einen bestimmten Standpunkt vertreten und zum Beispiel jemanden überzeugen willst, kommt es darauf an, geeignete Argumente zu finden. Mit Argumenten begründest du deinen Standpunkt. Wenn Argumente fehlen, bleibt deine Aussage eine bloße Behauptung.

1 Im folgenden Gespräch geht es um zwei unterschiedliche Standpunkte. Wer von beiden versucht zu argumentieren, also seinen Standpunkt durch Argumente abzustützen?

Paula: Hallo Katrin, kommst du mit zum Schwimmen?
Katrin: Schwimmen ist doch doof.
Paula: Das finde ich gar nicht. Bei der Hitze heute kann man sich prima abkühlen.
Katrin: Schwimmen ist trotzdem doof.
Paula: Außerdem treffen wir im Schwimmbad fast alle aus unserer Klasse. Das kann doch ganz lustig sein.

______________________ behauptet nur.

______________________ versucht, ihren Standpunkt mit Argumenten zu begründen.

2 Schreibe die beiden Argumente heraus, mit denen das eine Mädchen seinen Standpunkt begründet.

1. Argument: ______________________

____

2. Argument: ______________________

____

3 Auch bei den folgenden Äußerungen geht es darum, einen bestimmten Standpunkt zu vertreten. Kreuze an, ob nur behauptet wird (B) oder ob der jeweilige Standpunkt durch Argumente abgestützt wird (A).

		B	A
1.	„Beim Fahrradfahren sollte man unbedingt einen Helm tragen, weil der Radfahrer bei einem Zusammenprall mit einem Auto sehr oft mit dem Kopf gegen die Windschutzscheibe geschleudert wird. Das haben Tests des ADAC ergeben. Erst gestern berichtete die Zeitung von einem Unfall mit schwerwiegenden Folgen, an dem ein Kind, welches keinen Helm trug, beteiligt war."	☐	☐

2. „Nikotin ist gesundheitsschädlich; es führt zur Unterversorgung des Körpers mit Sauerstoff, weil es die Blutgefäße verengt.“ ☐ ☐

3. „Wir Jugendlichen wollen Musik nicht nur hören, sondern auch fühlen und sehen. Deswegen benötigen wir die großen Lautstärken und die Lichteffekte dazu. Der Reiz der Musik wird dadurch erhöht.“ ☐ ☐

4. „Schülerzeitungen sind unwichtig.“ ☐ ☐

5. „Musik bei den Hausaufgaben stört nicht. Ich erledige die Hausaufgaben immer mit Musik.“ ☐ ☐

6. „Heute Morgen musste ein junger Mann von der Feuerwehr aus dem Baggersee gerettet werden. Das Schwimmen in derartigen Gewässern ist einfach zu gefährlich, weil die Temperaturunterschiede zwischen Wasseroberfläche und tieferen Regionen sehr groß sind und zu einem Kreislaufversagen führen können.“ ☐ ☐

7. „Basketballspieler sollten nicht zu klein sein, weil sie in der Abwehr von ihren Angreifern sehr leicht überworfen werden können. Als Aufbauspieler sind jedoch auch Kleinere geeignet. Sie sind nämlich häufig sehr wendig. Das ist z. B. sehr entscheidend beim Slalomdribbling.“ ☐ ☐

8. „Ich bin der Meinung, dass noch viel mehr Menschen auf den öffentlichen Nahverkehr umsteigen sollten, anstatt mit dem Auto zu fahren. Auf diese Weise könnten der Schadstoffausstoß noch weiter vermindert und die Umwelt entlastet werden.“ ☐ ☐

9. „Gestern habe ich das Buch „Krabat“ von Otfried Preußler gelesen. Ich war so fasziniert, dass ich gar nicht mehr aufhören konnte. Überhaupt ist Lesen viel interessanter als Fernsehen.“ ☐ ☐

10. „Ich finde, es ist sehr sinnvoll, sich einem Sportverein anzuschließen. Man lernt noch viel speziellere Dinge als in der Schule, z. B. kompliziertere Spielsysteme wie die Viererkette im Fußball. Außerdem bieten Sportvereine über den Trainingsbetrieb hinaus weitere Aktivitäten an. Meine Schwester hat zum Beispiel an einem Zeltlager teilgenommen, das ihr Turnverein organisiert hatte.“ ☐ ☐

4 Ein Argument wird noch „schlagkräftiger“, wenn ein zusätzliches Beispiel gegeben wird. Welche Äußerungen von Aufgabe 3 argumentieren mit einem Beispiel?

5 „Das sind ja nur Behauptungen“ könnte man den folgenden Äußerungen entgegenhalten. Versuche, die Behauptungen jeweils mit einem Argument zu stützen.

1. „Tierversuche sollten sehr stark eingeschränkt oder verboten werden...“ ______________________

2. „Bei hohen Temperaturen muss der Mensch sehr viel trinken...“ ______________________

3. „Bevor man ins Schwimmbecken springt, sollte man gründlich duschen...“ ______________________

4. „Ein Haustier darf sich nur derjenige kaufen, der genügend Zeit hat, sich darum zu kümmern...“ ______________________

5. „Während der Urlaubsreise sollte man auf keinen Fall an die Schule denken...“ ______________________

6. „Schülerzeitungen sind wichtig...“ ______________________

7. „Lesen kann interessanter sein als fernsehen...“ ______________________

Ergebnis/Weiterarbeit

⇒ In diesem Abschnitt hast du gelernt, wie ein **Standpunkt** zu einem bestimmten Sachverhalt durch ein oder mehrere **Argumente** abgestützt werden kann. Argumente überzeugen im Gegensatz zu bloßen Behauptungen.

⇒ Richtig „schlagkräftig" wird dein Argument, wenn du es durch **Beispiele** ergänzt.

⇒ Um Pro- und Kontra-Argumente und faires Argumentieren geht es im nächsten Abschnitt. Arbeite dort weiter.

2. „Tanzkurs? Das ist nichts für mich!" – Pro- und Kontra-Argumente

Während der großen Pause kommt es auf dem Schulhof zu diesem Gespräch:

Julius: „Tanzkurs ist für mich überhaupt nichts. Da verrenke ich mir die Beine. Außerdem bin ich überhaupt nicht musikalisch."

Paul: „Das ist doch Quatsch. Die fangen mit ganz einfachen Tänzen an. Die kann jeder lernen. Disco-Fox zum Beispiel."

Anna: „Ich finde es auch gut, tanzen zu können. Dann sitzt man bei Festen nicht immer nur rum. Schützenfest oder Sportlerball."

Diane: „Außerdem ist Tanzen eine echte Sportart und Sporttreiben ist schließlich gesund."

Monika: „Läuft das da nicht alles so steif ab? Hat zumindest mein Vater gesagt. Der Herr reicht der Dame den rechten Arm und auf zur Polonäse."

André: „Das gibt es doch schon seit Jahren nicht mehr. Da herrscht eine richtig lockere Atmosphäre. Das macht riesig Spaß, sagt zumindest meine Schwester."

Maria: „Wenn man richtig gut ist, kann man auch Abzeichen erringen und an Wettkämpfen teilnehmen, natürlich nicht nach dem Grundkurs. Mein Bruder hat schon einen Pokal geholt."

Ute: „Ist das nicht noch ein bisschen früh, in der Klasse 8 meine ich? Man vergisst alles wieder so schnell."

Klaus: „In der Schule sollen wir doch auch tanzen, im Sportunterricht. Da können wir dann schon etwas."
Christina: „Außerdem bieten die sonntags immer einen Tanztee an, da können wir dann mit unserer Clique hingehen. Ist doch eine tolle Sache."
Willi: „Ich habe einfach keine Lust zum Tanzen, spiele lieber Volleyball in meiner Freizeit."

1 Schreibe auf, um welche zwei gegensätzlichen Standpunkte es hier geht.

A) Es ist sinnvoll, ... ____________________

B) ... ____________________

2 Wer vertritt in dem Gespräch welchen Standpunkt? Liste die Namen jeweils auf.

A) ____________________

B) ____________________

3 Trage in die Tabelle stichwortartig ein, welche Argumente von den Jugendlichen genannt werden. Fallen dir noch weitere Argumente dafür oder dagegen ein? Dann trage sie ebenfalls ein.

Diese Argumente für den Tanzkurs werden genannt:	Diese Argumente gegen den Tanzkurs werden genannt:
– für jeden zu erlernen	– komplizierte Bewegungen

4 Das Gespräch auf dem Schulhof ist ziemlich fair verlaufen, und das, obwohl die Ansichten ziemlich auseinandergingen. Kreuze an:

Was man beim Argumentieren tun sollte ...		... und was man besser sein lässt!
○	den Partner zu überreden versuchen	○
○	andere Argumente niemals anerkennen	○
○	seine eigene Ansicht zurückhalten	○
○	die eigenen Argumente ruhig und sachlich vortragen	○
○	die Argumente des Partners ernst nehmen	○
○	den Partner lächerlich machen, um dessen Argumente zu schwächen	○
○	Albernheiten zum Sachverhalt einbringen, um das Gespräch aufzulockern	○
○	die eigenen Argumente engagiert vertreten	○
○	die eigenen Äußerungen so gut wie möglich begründen	○

Ergebnis/Weiterarbeit

⇒ Obwohl die Jugendlichen überhaupt nicht einer Meinung sind, bleiben sie fair. Beachte die Gesprächsregeln!

⇒ Im letzten Abschnitt zum Thema geht es darum, wie man beim Argumentieren auch sprachlich geschickt und überzeugend vorgehen kann.

3. „Sport ist ein besonders schönes Fach" – Einen Standpunkt vertreten

Im Folgenden erläutert ein Sportlehrer seinen Standpunkt zum Fach Sport:

Sport ist ein besonders schönes Fach

Sport ist ein besonders schönes Fach für Schülerinnen und Schüler. Im Rahmen des normalen Stundenplans hat es eine besondere Stellung. Ein Grund hierfür ist die Beobachtung, dass die meisten Schülerinnen und Schüler sich gerne bewegen und sich deshalb auf die Sportstunden freuen; da ist keine große Motivation erforderlich, sie liegt im Fach selbst. Auch das Verhältnis von Lehrern und Schülern ist meist gut, denn die Lehrenden können hier in anderer Weise als in den übrigen Fächern mitmachen. Allerdings müssen wir Zensuren geben, und damit beginnt das Problem des Leistungsnachweises. Zensuren können nicht verschenkt werden; wer eine „2" haben will, muss schon etwas leisten. Wer eine Übung einfach nicht schafft, muss dieselbe Zensur erwarten wie in einer Klassenarbeit, in der alle Ergebnisse falsch sind. Dazu kommt, dass für die Notengebung auch noch die Einstellung, der Einsatz und das soziale Verhalten wichtig sind. Es ist ärgerlich, wenn dies etliche Eltern und Schüler einfach übersehen. Samthandschuhe sind in einer Turnhalle fehl am Platz, wenn einige ihr Turnzeug immer wieder vergessen, nicht aufpassen oder sogar stören oder sich vor dem Auf- und Abbauen der Geräte drücken. Insgesamt aber bleibt der Sportunterricht trotz dieser Probleme, die aus der Notengebung resultieren und manchmal einen etwas strafferen Stil erfordern, für die meisten Schülerinnen und Schüler ein attraktives Fach.

1 Der Sportlehrer betont die Vorzüge seines Fachs, verschweigt aber auch die Probleme nicht. – „Sport ist ein besonders schönes Fach." Welche Argumente für diese Aussage führt er an, was spricht nach Meinung des Lehrers aber auch dagegen?

Pro-Argumente	Kontra-Argumente

2 Der Sportlehrer formuliert mehrere Argumente zu seinem Standpunkt. Dies wäre leichter zu erkennen, wenn der Text in Abschnitte gegliedert wäre. Gliedere den Text durch senkrechte Striche in fünf Abschnitte.

3 Vielleicht hast du gemerkt, dass du dich bei der Lösung von Aufgabe 2 auch mithilfe einiger Wörter und Wendungen entschieden hast, wo ein neuer Abschnitt beginnt. – Wörter und Wendungen, die einen gedanklichen Zusammenhang anzeigen, sind zum Beispiel: „folglich" / „und damit" / „darüber hinaus ist wichtig, dass..." / „ein weiteres Beispiel..." / „andererseits".
Unterstreiche vier solcher Wendungen im Text.

4 In vielen Ländern der Erde sind Schuluniformen, also eine einheitliche Kleidung der Schülerinnen und Schüler, üblich. Welche Absicht mag hinter dieser Regelung stecken? Könntest du dir Schuluniformen an deiner Schule vorstellen? Sammle einige Argumente für deinen Standpunkt. –
Schreibe nun selbst einen Text, mit dem du für deinen Standpunkt argumentierst. Orientiere dich dabei am Text des Sportlehrers. Achte auf die Gliederung deines Textes und verwende dazu ganz bewusst passende Formulierungen, die den gedanklichen Zusammenhang verdeutlichen.

Ergebnis/Weiterarbeit

⇒ Du hast den gedanklichen Aufbau des Sportlehrer-Textes erarbeitet, indem du die Argumente herausgefunden und den Text in Abschnitte gegliedert hast.

⇒ Dabei spielen bestimmte Formulierungen eine wichtige Rolle, weil sie die Gliederung eines Textes (seinen gedanklichen Zusammenhang) anzeigen.

⇒ Weitere Beispiele für solche Formulierungen findest du in der folgenden Übersicht.

Auf einen Blick: Argumentieren

Willst du einen bestimmten Standpunkt vertreten und deine Meinung äußern, kommt es darauf an, dass du mit schlagkräftigen **Argumenten** arbeitest, mit denen du deine Haltung begründest. Überzeugend wirkt deine Darstellung auch, wenn du anschauliche **Beispiele** verwendest oder dich auf die Erfahrungen und die Autorität anderer berufen kannst.

- Mach dir zunächst folgende Unterscheidung zwischen „Behaupten“ und „Argumentieren“ klar:

Einen Standpunkt vertreten

Behaupten	Argumentieren
Äußerungen, die nicht begründet werden	Äußerungen, die durch überprüfbare Tatsachen bewiesen oder die durch Berufung auf eine Autorität belegt werden. Beispiele machen ein Argument schlagkräftiger.

- Wenn du argumentierst und dabei Gründe abwägst („pro“ und „kontra“), dann **erörterst** du einen Sachverhalt.
- Besonders überzeugend wirkt deine Argumentation, wenn du mithilfe von sogenannten **satzverknüpfenden Ausdrücken** einen gedanklichen Zusammenhang verdeutlichst. Hierfür einige Beispiele:
  deshalb / darum / folglich / und damit / außerdem / im Übrigen... / dazu kommt, dass... / darüber hinaus ist wichtig, dass... / ein weiteres Beispiel... / aus den genannten Beispielen ergibt sich... / es ist nämlich so, dass... / andererseits / aber / allerdings /...
  Diese und ähnliche Ausdrücke und Wendungen dienen dazu, deinen Zuhörern den Zusammenhang deiner Gedanken zu verdeutlichen! Wenn du schriftlich argumentierst oder erörterst, stehen diese Ausdrücke oft am Beginn eines Absatzes.

Ergebnis/Weiterarbeit

⇒ Die Einführung in das Argumentieren ist hiermit abgeschlossen. In den Klassen 9 und 10 geht es dann weiter mit Erörterungen.

⇒ Überprüfe dein Wissen, indem du den Eingangstest ergänzt (S. 92). Die Lösungen findest du auf Seite 27 im Lösungsheft.

Stichwortverzeichnis

Textquellenverzeichnis

Borchert, Wolfgang: Nachts schlafen die Ratten doch. Aus: Ders., Draußen vor der Tür, Rowohlt, Reinbek 1993, S. 63 und 65 — 74

Brender, Irmela: Eine. Aus: Dies., Menschengeschichten, Beltz, München 1975, S. 72f. — 58/59

Eichendorff, Joseph von: In Danzig. Aus: Werke, Hanser, München 1966, S. 425 — 85

Eisenreich, Herbert: Der Weg hinaus. Aus: Ders., Die Freunde meiner Frau, Diogenes, Zürich 1966, S. 251ff. — 70

Erhardt, Heinz: Urlaub im Urwald (Auszug). Aus: Das große Heinz Erhardt Buch, Fackelträger, Hannover 1970, S. 223 — 81

Fontane, Theodor: John Maynard. Aus: Sämtliche Werke, 1. Abt., Bd. 6, hg. von Walter Keitel, Hanser, München 1964, S. 287f. — 36/37

Fried, Erich: Meer. Aus: Warngedichte, Fischer TB Verlag, Frankfurt/M. 1980, S. 121 — 83

Herder, Johann Gottfried: Der Löwe und die Stiere. Aus: Herder – Sämtliche Werke, hg. von Bernhard Suphan, Olms, Hildesheim 1967/68 — 11/12

Isis und Osiris: Aus: TREFF – Schülerbuch 1990, Velber Verlag, Seelze 1989 — 9

Kästner, Erich: Das Pferd auf dem Kirchturm. Aus: Münchhausen. Die phantastischsten Lügengeschichten, © Atrium Verlag, Zürich 1951 — 22

Kötter, Ingrid: Nasen kann man so und so sehen. Aus: Augenaufmachen. Siebtes Jahrbuch der Kinderliteratur, hg. von Hans-Joachim Gelberg, Beltz, Weinheim/Basel 1984 — 24/25

Krekeler, Hermann: Der indische Vogel. Aus: TREFF – Schülerbuch 1996, Velber Verlag, Seelze 1995 — 10

Mann, Thomas: Bauschan. Aus: Die Erzählungen (Auszug), Fischer TB Verlag, Frankfurt/M. 1986, S. 587f. — 45/46

Nöstlinger, Christine: Mein Vater. Aus: Überall und neben dir, hg. von Hans-Joachim Gelberg, Beltz, Weinheim/Basel 1989, S. 172 — 82

Schwarz, Regina: Mein Vater. Aus: Überall und neben dir, hg. von Hans-Joachim Gelberg, Beltz, Weinheim/Basel 1989, S. 172 — 82

Twain, Mark: Die Abenteuer Tom Sawyers (Auszug), übers. von Lore Kruger, Hanser, München 1962, S. 11 — 72

Weiss, Peter: Nicht versetzt. Aus: Ders., Abschied von den Eltern, Suhrkamp, Frankfurt/M. 1992, S. 49f. — 14

Winsemius, Dieuwke: Das Findelkind vom Watt (Auszug), übers. von Florentine Naylor und Hans Edmund Naylor, dtv junior, München 1986, S. 105f — 32/33

dpa: Meerjungfrau enthauptet. Aus: Lippische Landes-Zeitung vom 7.1.1998 — 9 (Lösungen)

dpa: Abgesägter Kopf ist wieder da. Aus: Lippische Landes-Zeitung vom 10.1.1998 — 10 (Lösungen)

dpa: Meerjungfrau: Kameramann verhaftet. Aus: Lippische Landes-Zeitung vom 6.2.1998 — 10 (Lösungen)

Bildquellenverzeichnis

S. 36: © AKG, Berlin
S. 39, 83, 11 (Lös. li., re. o.): © dpa
S. 45: © Keystone/Thomas-Mann-Archiv
S. 47: © Christen
S. 71: © ullstein bild
S. 74: © Wolfgang Borchert Archiv, Hamburg
S. 85: © AKG, Berlin
S. 11 (Lös., re. m.): © AP Photo/Mogens Flindt
S. 11 (Lös., re. u.): © Reuters

Lösungen

1 Den Inhalt eines Textes wiedergeben

Teste dein Wissen

Für eine Inhaltsangabe beschränkst du dich auf wichtige Informationen. Wie musst du einen Text zuvor bearbeiten, damit du den Inhalt gut wiedergeben kannst?

Gliederung in Sinnabschnitte

Was ist die Aufgabe einer Inhaltsangabe? Die Information

Welche grammatische Person und welche Zeitform benutzt du für eine Inhaltsangabe?

3. Person — Präsens (Perfekt)

Welche Informationen liefert der Einleitungsteil einer Inhaltsangabe?

1. Autor
2. Titel (Erscheinungsjahr)
3. Entstehungs-/Veröffentlichungszeit
4. Textart
5. Handlungsüberblick

Wenn man von einem Gespräch berichtet, wechselt man in die indirekte Rede.

Die Form für die „wiedergegebene“, berichtete Rede ist der Konjunktiv I.

Kannst du die folgenden Verbformen im Indikativ in den Konjunktiv I und II umformen?

Indikativ Präsens	Konjunktiv I	Konjunktiv II
er hat	er habe	er hätte
sie ist	sie sei	sie wäre
er wird	er werde	er würde
sie soll	sie solle	sie sollte
er muss	er müsse	er müsste

1. „Der indische Vogel“ und andere Geschichten – Durch Gliedern zur Inhaltsangabe

S. 9, Aufg. 1

4	5
2	3
1	
7	8

8 – 7 = 1 „sehr gut“

S. 10, Aufg. 2

1: Die unterschiedlichen Brüder Seth und Osiris
2: Seth ermordet Osiris
3: Isis schenkt Osiris die Unsterblichkeit
4: Osiris wird König im Reich der Toten
5: Manchmal kehrt Osiris zu den Menschen zurück

Der indische Vogel

S. 11, Aufg. 3

Der indische Vogel

Ein Kaufmann hielt einen Vogel in einem Käfig. Einmal wollte er nach Indien reisen, dem Land, aus dem der Vogel stammte. Er fragte den Vogel, ob er ihm etwas mitbringen könne. Da sagte der Vogel: „Wenn du in Indien bist, geh in den Dschungel und berichte dort den freien Vögeln von meiner Gefangenschaft.“

Das versprach der Kaufmann und führte es auch aus. Kaum hatte er zu Ende gesprochen, als ein Vogel, von derselben Art wie sein eigener, wie tot aus dem Baume auf die Erde fiel. Der Kaufmann nahm an, es müsse ein Verwandter seines eigenen Vogels sein. Es tat ihm leid, dass er vielleicht schuld an seinem Tod gewesen war.

Als er nach Hause kam, fragte der Vogel ihn, ob er gute Nachrichten bringe. „Nein“, sagte der Kaufmann, „ich fürchte, ich habe schlechte Nachrichten. Einer deiner Verwandten bracht tot zusammen, als ich von deiner Gefangenschaft erzählte.“ Kaum hatte er diese Worte ausgesprochen, als sein Vogel ebenfalls zusammenbrach und auf den Boden des Käfigs fiel. Betrübt dachte der Kaufmann: „Die Nachricht vom Tod seines Verwandten hat ihn getötet.“

Traurig nahm er den Vogel und legte ihn auf die Fensterbank. Sogleich aber wurde der Vogel wieder lebendig, flog auf einen nahen Baum und sagte: „Verstehst du nun? Was du für ein Unglück hieltest, war in Wirklichkeit eine gute Nachricht für mich. Es war der Rat, wie ich mich verhalten müsse um mich zu befreien.“ (Hermann Krekeler)

Wenn du die Abschnitte richtig gesetzt hast, ergeben die Anfangsbuchstaben der vier Sinnabschnitte das künstliche Wort „EDAT“.

S. 11, Aufg. 4

1: Ein Kaufmann besucht in Indien die „Verwandten“ eines Vogels, den er im Käfig hält.
2: Er erzählt diesen von dem gefangenen Vogel, worauf ein Vogel derselben Art wie tot zur Erde stürzt.
3: Wieder zu Hause berichtet der Kaufmann seinem Vogel. Daraufhin bricht dieser zusammen.

4: Traurig legt der Kaufmann den Vogel auf die Fensterbank. In diesem Moment fliegt der Vogel davon.

S. 11, Aufg. 5 Beide Texte lassen sich gliedern, wenn man beachtet, an welchen Stellen in der Geschichte sich die Zeit oder der Ort oder vielleicht beides gleichzeitig ändern.

S. 12, Aufg. 6 Zu den fünf Sinnabschnitten der Fabel könnten folgende Fragen passen:
1: Welches Problem hat der Löwe?
2: Welche List wendet der Löwe an?
3: Welche Wirkung hat der Plan des Löwen?
4: Wie verhalten sich die Stiere?
5: Wie ergeht es den Stieren?

S. 13, Aufg. 7 Antwort auf Frage 1: Der Löwe will die Stiere fressen, fürchtet sich aber vor dem gemeinsamen Angriff der Stiere.
Antwort auf Frage 2: Er versucht, durch Lügen ihre Freundschaft zu zerstören.
Antwort auf Frage 3: Die Stiere werden misstrauisch.
Antwort auf Frage 4: Die Stiere bekämpfen sich gegenseitig.
Antwort auf Frage 5: Der Löwe tötet die Stiere nacheinander.

2. „Nicht versetzt“ – Einleitung und Hauptteil einer Inhaltsangabe

S. 15, Aufg. 1

Autor?	Peter Weiss
Titel?	Nicht versetzt
Textart?	Erzählung
Jahr der Veröffentlichung?	1961
Handlungsüberblick?	Junge wird nicht versetzt; hat Angst, nach Hause zu gehen; ein Bekannter seiner Eltern kommt zu Hilfe

S. 15, Aufg. 2 Das Märchen „Der indische Vogel“, das Hermann Krekeler geschrieben hat und das 1995 veröffentlicht wurde, handelt von einem Kaufmann, der einen Vogel in einem Käfig gefangen hält. Durch die List eines Artgenossen gelangt dieser Vogel in die Freiheit.

S. 16, Aufg. 3 Die Fabel „Der Fuchs und der Ziegenbock“ wurde von dem griechischen Fabeldichter Äsop geschrieben, der im 6. Jahrhundert vor Christus lebte. Sie handelt von einem Fuchs, der sich auf Kosten eines etwas einfältigen Ziegenbocks aus einer bedrohlichen Situation befreit.

S. 17, Aufg. 4 Die richtige Reihenfolge lautet: 3, 2, 1

S. 17, Aufg. 5 Erster Sinnabschnitt: Zeile 1 – 3
Überschrift: Der Junge ist nicht versetzt worden und hat Angst davor, nach Hause zu gehen.

Zweiter Sinnabschnitt: Zeile 4–8
Überschrift: Ein Bekannter seiner Eltern kommt ihm zu Hilfe, indem er auf seine Erfahrungen mit der Schule hinweist.

Dritter Sinnabschnitt: Zeile 9–11
Überschrift: Die Eltern des Jungen können dem Jungen nun nicht mehr böse sein.

S. 18, Aufg. 6 Die fett gedruckten Textteile verdeutlichen den zeitlichen Zusammenhang der Handlungsschritte.

Ein Junge, der in der Schule nicht versetzt worden ist, wagt **zunächst** nicht, nach Hause zu gehen, weil er große Angst vor der Reaktion seiner Eltern hat.
Schließlich erscheint er doch zu Hause, wo Fritz W. gerade anwesend ist, der als tüchtiger und erfolgreicher Mann von den Eltern sehr geschätzt wird. **Als die Mutter nach dem Zeugnis fragt,** schaut Fritz W. es sich **zunächst** an, lacht laut und lobt den Jungen, weil er der Ansicht ist, alle erfolgreichen Männer seien in der Schule sitzen geblieben. Ihm selbst sei es viermal passiert.
Nachdem der Junge auf diese Weise von dem erfolgreichen Fritz W. bestätigt worden ist, können ihm auch die Eltern nichts mehr vorwerfen und die schwierige Situation ist bereinigt.

S. 18, Aufg. 7 Diese Verbformen musst du einkreisen: ...bestätigt worden ist, ... versetzt worden ist, ...

S. 18, Aufg. 8 Diese Gliedsätze musst du markieren:
..., weil er große Angst vor der Reaktion seiner Eltern hat.
..., weil er der Ansicht ist, alle erfolgreichen Männer seien in der Schule sitzen geblieben.

S. 19, Aufg. 9 S. Wellenlinien oben

S. 19, Aufg. 10 So kannst du die Sätze vervollständigen:

a) Bevor ein Kaufmann eine Reise nach Indien antritt, fragt er seinen Vogel, der aus diesem Land stammt und von ihm in einem Käfig gefangen gehalten wird, was er ihm mitbringen solle.

b) Der Vogel bittet ihn darum, seinen Artgenossen im Dschungel von seiner Gefangenschaft zu berichten.

c) Diesen Wunsch erfüllt der Kaufmann. Unmittelbar nachdem er zu Ende gesprochen hat, fällt ein Vogel, der so aussieht wie seiner, wie tot vom Baum.

d) Dem Kaufmann tut dieses leid, weil er glaubt, es handele sich um einen Verwandten seines eigenen Vogels.

e) Als er nach Hause zurückgekehrt ist, berichtet er diesem von seinem Erlebnis.

f) Sein Vogel fällt im gleichen Moment ebenfalls wie tot von der Stange. Der Kaufmann glaubt, dass ihn die Nachricht vom Tod seines Verwandten getötet habe.

g) Betrübt legt er ihn auf eine Fensterbank. Sofort wird der Vogel jedoch wieder lebendig und fliegt auf einen Baum.

h) Von dort erklärt er dem verdutzten Kaufmann, dass es sich bei dem Verhalten des Vogels in Indien um eine geheime Botschaft gehandelt habe. Dieser habe ihm nämlich mitteilen wollen, wie er sich befreien könne.

S. 20, Aufg. 11 Dieses ist eine mögliche Überarbeitung:

Der Löwe und die Maus – eine Inhaltsangabe

Die Fabel „Der Löwe und die Maus" wurde wahrscheinlich im 6. Jahrhundert vor Christus von dem griechischen Fabeldichter Äsop verfasst. Sie handelt von einer Maus, die einem Löwen in Gefahr hilft, weil dieser ihr zuvor das Leben geschenkt hat.

Eine Maus wird von einem hungrigen Löwen gefangen, der sie fressen möchte. Die Maus bittet um ihr Leben und verspricht, dem Löwen ihm zu helfen, wenn er selbst einmal in Gefahr gerate. Darüber amüsiert sich der Löwe, lässt die Maus jedoch frei, weil er Mitleid mit dem kleinen Tier hat.

Als der Löwe einige Zeit später sich in einem Netz verfängt, schreit er so laut, dass ihn die Maus sogar aus großer Entfernung hört. Sofort läuft sie zu ihm und befreit ihn, indem sie das Netz zernagt.

S. 21, Aufg. 12 So könnte eine Verbesserung der Ballade aussehen:

Die Ballade „John Maynard", 1887 von Theodor Fontane geschrieben, handelt von einem Steuermann, der auf Kosten seines Lebens ein brennendes Schiff an das Ufer befördert und somit alle Passagiere rettet.

Ein Schiff mit dem Namen „Schwalbe" befindet sich mit zahlreichen Passagieren auf der Strecke von Detroit nach Buffalo auf dem Eriesee, als zwanzig Minuten vor der Ankunft ein Feuer ausbricht.

Die Passagiere halten sich dicht gedrängt und voller Angst im vorderen Bereich des Schiffes an Deck auf, weil dort noch genügend Luft zum Atmen ist.

Über ein Sprachrohr hält der Kapitän Kontakt zu seinem Steuermann John Maynard, der völlig von Rauch umgeben ist, und fordert ihn auf, das Schiff auf den Strand zu setzen.

Mit letzter Kraft gelingt dem Steuermann dieses. Das Schiff zerbirst dabei zwar, es können jedoch auf diese Weise alle Passagiere gerettet werden. Nur John Maynard kommt ums Leben.

Als Dank für seine Rettungstat nehmen über zehntausend Menschen an der Beerdigung des Steuermanns teil. Ein Spruch auf seinem Grabstein erinnert an sein uneigennütziges Verhalten.

S. 22, Aufg. 13 Zeile 1–8; Zeile 8–12; Zeile 12–16; Zeile 16–20; Zeile 20–25; Zeile 25–38

S. 23, Aufg. 14

Abschnitt 1:	Winterreise nach Russland
Abschnitt 2:	Das Pferd an der „Baumspitze"
Abschnitt 3:	Erwachen auf dem Kirchhof: Das Pferd ist verschwunden.
Abschnitt 4:	Das Pferd auf dem Kirchturm
Abschnitt 5:	Tauwetter als Erklärung
Abschnitt 6:	Die Befreiung des Pferdes

S. 23, Aufg. 15 Die Lügengeschichte „Das Pferd auf dem Kirchturm" stammt vom Freiherrn von Münchhausen und wird hier von Erich Kästner nacherzählt. Die Geschichte handelt von einer Winterreise des Erzählers in das tief verschneite Russland. Seltsame Umstände führen dazu, dass der Erzähler sein Pferd eines Morgens an einem Kirchturm hängend vorfindet und von dort mit einem gezielten Schuss befreien muss.

S. 23, Aufg. 16 Der Erzähler reist mitten im Winter zu Pferde nach Russland, weil zu dieser Jahreszeit die Straßen weder zu schlammig noch zu staubig sind; aber der Winter ist kalt, er friert und der Schnee liegt so hoch, dass eine Orientierung oft kaum möglich ist.

Steifgefroren legt sich der Erzähler eines Abends zum Schlafen, nachdem er zuvor sein Pferd an eine aus dem Schnee ragende Baumspitze gebunden hat.

Bei strahlendem Sonnenschein erwacht er am nächsten Morgen auf einem Kirchhof, was ihm unangenehm ist. Außerdem bemerkt er mit Schrecken, dass sein Pferd verschwunden ist, obwohl er es doch direkt neben sich angepflockt hat.

Doch dann hört er ein lautes Wiehern hoch über sich und er entdeckt sein am Kirchturm zappelndes Pferd.

Nach und nach versteht der Erzähler, was sich ereignet hat: Die „Baumspitze" ist in Wahrheit der Wetterhahn der Kirchturmspitze gewesen. In der Nacht hat Tauwetter eingesetzt, sodass er mit dem tauenden Schnee nach unten gesunken ist. Indem er das Halfter, mit dem das Pferd an der Spitze des Turms hängt, entzweischießt, befreit der Reiter sein Pferd und kann seine Reise fortsetzen.

3. „Nasen kann man so und so sehen" – Die indirekte Rede

Konjunktiv I

S. 25, Aufg. 1
d) Die Mutter sagt, er komme extra aus Kanada.
e) Onkel Thomas meint, dass man Nasen so und so sehen könne.
f) Irina sagt, sie müsse nun weg.

S. 26, Aufg. 2
er wird / er werde
er kann / er könne
sie darf / sie dürfe
sie muss / sie müsse
er soll / er solle

S. 27, Aufg. 3

Erster Abschnitt:	Zeile 1 bis 5
Zweiter Abschnitt:	Zeile 6 bis 25
Dritter Abschnitt:	Zeile 26 bis 57

S. 27, Aufg. 4 Ingrid Kötters Geschichte „Nasen kann man so und so sehen" erzählt von dem Mädchen Irina und einem Gespräch zwischen ihr und ihrem Onkel Thomas. Irina kommt sich hässlich vor und weiß nicht, ob sie zu einer Klassenfete gehen soll oder nicht. Ihr Onkel Thomas tröstet sie so geschickt, dass sie sich schließlich doch für die Klassenfete entscheidet.

Irinas Onkel Thomas will seine Nichte sofort nach seiner Ankunft aus Kanada besuchen. Irinas Mutter macht aber auf Irinas schlechte Laune aufmerksam und bittet ihren Bruder, dass er noch einen Augenblick warten solle.
Irina betrachtet sich währenddessen im Spiegel mürrisch von allen Seiten. Ihre Nase, zwei neue Pickel und der Besuch aus Kanada stören sie. Gerade als sie ihr Zimmer abschließen will, kommt ihr Onkel herein. Sie glaubt ihm seine Äußerung, dass sie eine hübsche Dame geworden sei, nicht und zeigt ihm ihre Pickel und ihre Nase.
Die Antwort ihres Onkels überrascht Irina völlig: Ihre Nase sei zwar etwas klein, aber sie wachse ja zum Glück noch; denn Frauen mit Stupsnasen seien nicht nach seinem Geschmack. Irina strahlt ihren Onkel daraufhin an und beschließt dann, doch zur Klassenfete zu gehen.

Konjunktiv II

S. 28, Aufg. 5

Konjunktiv II	/	**Konjunktiv I**
er hätte	/	er habe
sie wäre	/	sie sei
er würde	/	er werde
sie wollte	/	sie wolle
er könnte	/	er könne
sie dürfte	/	sie dürfe
er wüsste	/	er wisse
sie müsste	/	sie müsse
er sollte	/	er solle

2 Berichten

Teste dein Wissen

Berichte handeln von tatsächlichen Ereignissen und Geschehen.

Auf welche Fragen sollte ein Bericht antworten:

Was?
Wer?
Wo?
Wann?
Wie?
Welche Folgen?

Berichte betonen das Wesentliche eines Geschehens.

Mit einem Wort: Was will der Bericht? Informieren

Welche Zeitform wählst du für einen Bericht? Vergangenheit (Präteritum)

1. „Der Fund am Strand" – Erzählung und Bericht im Vergleich

S. 33, Aufg. 1

Erzählung	Bericht
☑	☐
☐	☑
☑	☐
☐	☑
☑	☐
☑	☐
☐	☑
☐	☑

S. 34, Aufg. 2 Die Erzählung will ein besonderes Ereignis möglichst anschaulich und lebendig wiedergeben. –
Der Zeitungsbericht will möglichst sachlich für interessierte Zeitungsleser und -leserinnen über das Ereignis berichten.

S. 34, Aufg. 3 Die Angaben, die der Reporter benötigt, kann man sich am besten mithilfe einiger „W-Fragen" vorstellen:

Was ist passiert? Wo ist es geschehen? Wann haben die Kinder das Seehundbaby gefunden?

2. „Dieb von Papagei überrascht" – Der Aufbau eines Berichts

S. 35, Aufg. 1 Die Schlagzeile ist der Blickfang des Zeitungsberichts. In verkürzter Form wird auf den Inhalt des Berichts hingewiesen. Dieses sind mögliche Schlagzeilen:

Dieb durch Papagei in die Flucht geschlagen
Papagei überrascht Dieb
Dieb von Papagei gestellt

S. 35, Aufg. 2 und 3 Der einleitende Teil umfasst den ersten Satz bis „konnte". Hier muss auch ein Absatz gemacht werden. Die Antwort auf die W-Fragen zeigt dir, dass alle wichtigen Informationen in diesem einleitenden Teil gegeben werden.

S. 37, Aufg. 4 John Maynard / „Schwalbe" / Detroit – Buffalo / Schiffsraum / Abenddämmerung, 20 Minuten vor Ankunft / vor Buffalo / Bugspriet / Schiff bricht auseinander. / Die Passagiere überleben. / Der Steuermann stirbt.

S. 38, Aufg. 5 Für deine Überarbeitung könntest du eine aussagekräftigere Schlagzeile wählen. Die wichtige Frage nach den Folgen des Geschehens ist nur zum Teil beantwortet, sodass der Einleitungsteil noch keine in sich abgeschlossene Kurzinformation liefert. – Außerdem sind die Sätze nur einfach aneinandergereiht; auch dies sollte verbessert werden. So könnte die Überarbeitung aussehen:

Drama auf dem Eriesee.
Bei Buffalo am Eriesee, der im Norden der USA an der Grenze zu Kanada liegt, strandete am Abend des 9. August 1841 das Passagierschiff „Schwalbe". Unglücksursache war ein Brand, der im hinteren Teil des Schiffes ausgebrochen war. Dem Einsatz von John Maynard, dem Steuermann, ist es zu verdanken, dass alle Passagiere gerettet wurden; er selbst verlor bei der Rettungsaktion sein Leben.

S. 39, Aufg. 6 Die letzte Fahrt der „Schwalbe", die von Detroit kommend Richtung Buffalo unterwegs war, endete in der Brandung des Strandes von Buffalo.
Etwa 20 Minuten, bevor die „Schwalbe" den Hafen erreichte, brach im hinteren Teil des Schiffes ein Feuer aus. Die Passagiere flüchteten voller Panik an den Bugspriet, während sich das Feuer immer weiter ausbreitete.
Trotz des Brandes konnte John Maynard am Steuerruder den Kurs auf den Strand von Buffalo halten, sodass alle Passagiere gerettet wurden, nachdem das Schiff gestrandet war. John Maynard selbst kam als Einziger in den Flammen um.
Über zehntausend Menschen nahmen an seiner Trauerfeier teil.

3. „Die kopflose Meerjungfrau" – Einen Bericht zu einem aktuellen Ereignis verfassen

S. 41, Aufg. 1 Zum Vergleich mit deinem eigenen Bericht findest du hier die Originalberichte aus der „Lippischen Landes-Zeitung", Detmold

Meerjungfrau enthauptet

Kopenhagen (dpa). Der Kleinen Meerjungfrau in Kopenhagen wurde in der Nacht zum Dienstag zum zweiten Mal der Kopf abgesägt.

Die 81 Jahre alte Bronzestatue nach dem Märchen von Hans-Christian Andersen war 1964 schon einmal enthauptet worden. Die Polizei der dänischen Hauptstadt konnte auch bei dem erneuten Anschlag trotz umfangreicher Suchaktionen nur feststellen, dass die Täter mit dem Haupt verschwunden waren. Ein Kameramann lieferte den Fahndern jedoch Aufnahmen von zwei jungen Rollschuhfahrern, die wegen ihres auffälligen Verhaltens am Tatort als mögliche Täter gelten. Gleichzeitig mit der Auswertung der Bilder suchten Taucher im Hafenbecken nach dem Kopf.

Die seit 1913 auf einem Stein am Langelinie-Kai des Hafens sitzende Meerjungfrau gilt als Wahrzeichen der dänischen Hauptstadt und zieht jedes Jahr Millionen fotografierender Besucher an. Die nur 1,25 Meter hohe und unscheinbar wirkende Figur, die der Bildhauer Edvard Eriksen (1879–1959) nach dem Kopf einer Schauspielerin, dem freien Oberkörper seiner Ehefrau Eline und einer Fischflosse geformt hatte, war stets für jedermann zugänglich, wurde immer wieder bemalt und verlor 1984 zeitweilig auch den rechten Unterarm. Während der vor 20 Jahren abgesägte Original-Kopf bis heute verschwunden ist, gaben die Diebe des Armes ihre Beute mit einem Entschuldigungsbrief bei der Polizei ab.

(Lippische Landes-Zeitung v. 7.1.1998)

Abgesägter Kopf ist wieder da

Kopenhagen (dpa). Der abgesägte Kopf der Kleinen Meerjungfrau in Kopenhagen tauchte gestern wieder auf und soll in den nächsten Tagen wieder angeschweißt werden.

Im Morgengrauen wurde der seit vier Tagen verschwundene Bronzekopf bei dem privaten Fernsehsender „TV Danmark" abgegeben und später von Ordnungshütern abgeholt. Der TV-Sender hatte am Vortag eine Belohnung von 6 500 DM für das Auffinden des Kopfes ausgesetzt. Als Mittelsmann bei der Übergabe fungierte Kameramann Michael Forsmark, der danach Aufnahmen von einem maskierten Mann mit dem Bronzekopf zeigte. Er hatte auch als Erster den kopflosen Torso am Langelinie-Kai gefilmt. Unbekannte hätten ihn angerufen. Die wahrscheinlichen Täter seien zwei „sehr, sehr junge Männer", sagte Forsmark.

(Lippische Landes-Zeitung v. 10.1.1998)

Meerjungfrau: Kameramann verhaftet

Kopenhagen (dpa). Vier Wochen nach der „Enthauptung" der Kleinen Meerjungfrau in Kopenhagen nahm die Polizei den Fernsehkameramann Michael Forsmark Poulsen als mutmaßlichen Anstifter fest.

Ein Richter verhängte zwei Wochen Untersuchungshaft gegen den 31-Jährigen. Der frei arbeitende Kameramann ließ nach Meinung der Fahnder den Kopf der Figur in der Nacht des 6. Januar absägen, um sich mit „exklusiven" TV-Bildern eine lukrative Einnahmequelle zu verschaffen. Er war in der Tatnacht nach angeblich anonymen Anrufen als Erster bei der enthaupteten Bronzefigur aufgetaucht. Drei Tage später filmte er, wie ein markierter Mann nachts den Kopf am Eingang zu einer TV-Station ablegte. Poulsen gab an, mit seinen Bildern 26 000 Mark verdient zu haben.

(Lippische Landes-Zeitung v. 6.2.1998)

Dies sind die Fotos, die dir für deinen Bericht zur Verfügung stehen:

Wahrzeichen, kopflos. Ein Taucher sucht nach dem Haupt der Kleinen Meerjungfrau. Das Bild rechts oben zeigt die Figur aus Hans Christian Andersens Märchen in besseren Tagen.

3 Beschreiben

Teste dein Wissen

	falsch	richtig
Beim Beschreiben eines Gegenstandes ist es sinnvoll, Fachsprache zu gebrauchen.	❍	⊗
Vergleiche mit ähnlichen Gegenständen oder Vorgängen lenken ab.	⊗	❍

Das ist eine geordnete Reihenfolge bei der Vorgangsbeschreibung:

1.) Voraussetzungen, damit der Vorgang ablaufen kann (z. B. Material, Werkzeuge...)

2.) Beschreibung der einzelnen Schritte in richtiger zeitlicher Reihenfolge

3.) Ergebnis des Vorgangs

Der allzu häufige Gebrauch von „und" oder „und dann" kann eine Vorgangsbeschreibung schnell eintönig machen. Schlage drei Ersatzwörter vor:

nun

im Anschluss daran

schließlich

Eine Bildfläche kannst du mit zwei Linien aufteilen. Zeichne diese hier ein:

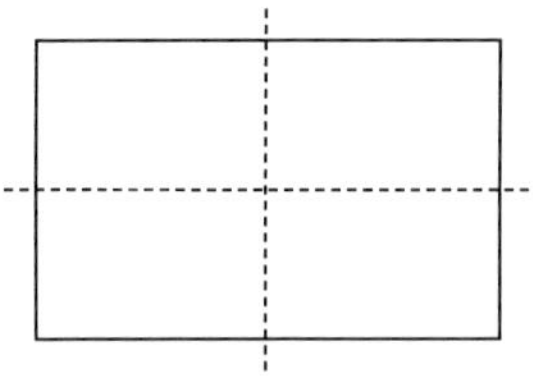

Dies sind drei Begriffe, um die Bildtiefe zu beschreiben:

Vordergrund

Mittelgrund

Hintergrund

Die Personenbeschreibung beschränkt sich auf das Aussehen einer Person. Die Personencharakteristik bezieht auch das Wesen eines Menschen mit ein.

1. „Es ist ein deutscher Hühnerhund“ – Ein Tier beschreiben

S. 46, Aufg. 1 Unterstreichen kann man die Bemerkung in den Zeilen 11–13, 15, 20/21, 23, 28–30, 35.

S. 46, Aufg. 2 Eindeutige Angaben finden sich in den Zeilen 1, 7, 10, 16–18, 23/24, 32–34.

S. 46, Aufg. 3

Körperbau:	**Größe:**	etwas kleiner als ein Vorstehhund
	Kopf:	faltige Hautsackbildung, schwarze Nase, breites Schädeldach, gläsern hervortretendes Auge mit rostbrauner Iris
	Beine:	etwas nach außen gebogene Vorderbeine, geädert, derbe und wohlgebildete Füße
Fell:	**Wuchs:**	kurzhaarig
	Färbung:	rostbraun, schwarzgetigert, weiß im Bereich von Brust, Pfoten und Bauch
	Auffällige Einzelheit:	das zu einem Wirbel zusammengedrehte weiße Brusthaar, das waagerecht vorragt
Charaktereigenschaften:		gut, hingebungsvoll; Wackerheit und Eignung für die Jagd leitet Thomas Mann aus weiteren Angaben zum Körperbau ab

S. 47, Aufg. 4 Die Angaben zuvor ermöglichen es dir, nun eine genaue Beschreibung zu verfassen. Wichtig ist die geordnete Reihenfolge, die auch durch einzelne Abschnitte im Text erkennbar sein sollte:

Bauschan – Ein Hühnerhund

Bauschan ist etwas kleiner, als ein Vorstehhund normalerweise gebaut ist. An seiner Kopfform fällt das breite Schädeldach auf, die schwarze Nase wirkt gedrungen. Seine Augen sind von rostbrauner Farbe.

Die Vorderbeine biegen sich etwas nach außen, der Körper wirkt mit dem gewölbten Brustkorb, den sich kräftig abzeichnenden Rippen und den derben, aber wohlgebildeten Füßen insgesamt kräftig.

In das kurzhaarige, rostbraune Fell mischen sich im Bereich von Brust, Pfoten und Bauch weiße Flecken.

Besonders fällt das zu einem Wirbel zusammengedrehte weiße Brusthaar auf, das waagerecht vorragt.

Er ist gutmütig, treu und für die Jagd geeignet.

S. 47, Aufg. 5 **Der Haflinger-Wallach Flocki**

Der Haflinger-Wallach „Flocki“ ist cirka 1,40 m groß und entspricht so der normalen Größe eines Haflingers. Wie bei allen Haflingern ist sein Kopf kleiner und kürzer als der von Großpferden, was auch für die Ohren gilt.

Der insgesamt feste Knochenbau zeigt sich auch bei den Beinen: Sie sind kräftig und strapazierfähig.

Das Fell wächst glatt und ist von hellbraun bis rotbraun gefärbt. Bei den Haflingern fällt die sehr dichte, weiße Mähne auf, bei „Flocki“ ist das Langhaar besonders gut gepflegt.

Auf „Flocki“ zu reiten macht Freude, denn sein Gang ist trittsicher und sein Galopp weich und gleichmäßig.
Die Vorfahren von „Flocki“ stammen aus Südtirol und Österreich, aber Gutmütigkeit und Zähigkeit der Haflinger haben dafür gesorgt, dass sie zu weit verbreiteten Freizeitpferden für Kinder und Erwachsene geworden sind. Auch „Flocki“ hat sehr schnell Vertrauen zu den Menschen gefasst.

2. „So weit wie möglich“ – Eine Bewegung beschreiben

S. 51, Aufg. 1

Trage die Bezeichnungen in dieser Reihenfolge ein:
1. Lernschritt: Absprung und Schwungbeineinsatz
2. Lernschritt: Flug
3. Lernschritt: Landung
4. Lernschritt: Anlauf

S. 51, Aufg. 2

Diese Bewegungsanweisungen passen zu den Abbildungen
1. Abbildung:
Strecke das Sprungbein und halte den Oberkörper aufrecht. Ziehe das Schwungbein bis zur Waagerechten hoch.
2. Abbildung:
Halte den Oberkörper weiterhin aufrecht. Fliege möglichst lange in der Schrittstellung.
3. Abbildung:
Schwinge ganz spät das hintere Bein nach vorn und lande auf den Fersen.
4. Abbildung:
Steigere dein Tempo bis zum Absprung. Springe jetzt kräftig vom Balken ab, indem du das Sprungbein streckst.

S. 51, Aufg. 4

So kannst du die Bewegung zusammenhängend beschreiben:

Die Schritt-Sprung-Technik beim Weitsprung
Die Schritt-Sprung-Technik kann auf jeder Weitsprunganlage durchgeführt werden. Zum Erlernen empfiehlt es sich, einen erhöhten Absprungpunkt zu wählen. Dazu kann zum Beispiel ein Kastendeckel oder ein Sprungbrett dienen.
Zunächst einmal läufst du an und steigerst dabei bis zum Absprungpunkt dein Tempo. Im Moment des Absprungs, der auf dem Balken erfolgen sollte, wird das Sprungbein gestreckt und das Schwungbein bis zur Waagerechten hochgezogen. Den Oberkörper musst du dabei aufrecht halten.
Der Flug erfolgt in Schrittstellung. Erst ganz spät ziehst du das hintere Bein nach vorn und landest schließlich auf den Fersen.

S. 52, Aufg. 5

a)	b)	c)
☐	☐	☑
☑	☑	☐

3. „Kein Platz am Strand" – Eine Abbildung beschreiben

S. 53, Aufg. 1 ... eine Familie, die – ausgerüstet mit Picknick- und Freizeitutensilien – einen riesigen Sandstrand betreten will. Die Familienmitglieder reagieren offensichtlich verärgert, weil eine einzelne, verloren wirkende Person den Strand „belegt" hat.

S. 53, Aufg. 2 Die zweite Antwort muss angekreuzt werden.

S. 54, Aufg. 3 Die Familie befindet sich am linken Bildrand und die einzelne Person am rechten Bildrand. Die Familienmitglieder wirken dabei groß und ärgerlich, die Person auf dem Strand klein und verloren.

S. 54, Aufg. 4 Im Vordergrund, nach links versetzt, steht die Familie. Mittel- und Hintergrund bleiben so gut wie leer. Meer, Strand und Himmel unterstreichen den Platz, den die Familie hat, um sich auszubreiten.

S. 54, Aufg. 5 Der Zeichner unterstreicht seine Aussage durch eine völlig gegensätzliche Charakterisierung der beiden Figuren. Der Vater wirkt zornig und aggressiv, sein Oberkörper ist angriffslustig vornübergebeugt. Der aufgerissene Mund und die große, spitze Nase verstärken diesen Eindruck. – Die Person am Strand wirkt dagegen friedlich. Sie ist in die Betrachtung von Meer und Himmel versunken.

S. 54, Aufg. 6 Die Äußerung des Vaters im Original lautet: „Verdammt! Da hat einer unseren Platz!"

S. 55, Aufg. 7
- ☑
- ☐
- ☑
- ☑

S. 55, Aufg. 8 Die Karikatur des Zeichners Chic zeigt einen breiten Strand, auf dem eine einzelne Person sitzt und aufs Meer blickt. Eine Familie ist im Begriff, den Strand zu betreten, wobei sich der Vater empört: „Verdammt! Da hat einer unseren Platz!" Der Betrachter scheint in geringem Abstand von der Personengruppe zu stehen und betrachtet aus dieser Perspektive das Geschehen; dadurch wird die Haltung und Reaktion des Vaters besonders auffällig.

Die linke Bildhälfte zeigt die Familie, die mit allen Utensilien für einen langen Tag am Strand ausgerüstet ist. Die Familienmitglieder, besonders der Vater, wirken ärgerlich und groß im Gegensatz zu der Person am Strand auf der rechten Bildhälfte. Diese macht einen friedlichen, in die Betrachtung von Meer und Himmel versunkenen Eindruck.

Im Vordergrund, nach links versetzt, steht die Familie. Durch den fast leeren Mittel- und Hintergrund entsteht ein Kontrast, der die Familienmitglieder besonders hervortreten lässt. Meer, Strand und Himmel unterstreichen den Platz, den die Familie hat, um sich auszubreiten.

Durch seine Art der Darstellung hebt der Zeichner die Reaktion des Vaters besonders hervor. Dieser wirkt zornig und aggressiv, sein Oberkörper ist angriffslustig vornüber-

gebeugt; der aufgerissene Mund und die große, spitze Nase verstärken den Gesamteindruck.
Die Reaktion der Familie wirkt lächerlich, weil mit dem Blick auf den Strand sofort klar wird, dass sie in keiner Weise eingeschränkt ist. Vermutlich will der Zeichner so auf Egoismus und unsinnige Rechthaberei aufmerksam machen.

4. „Eine drehte sich um nach ihm“ – Eine Person beschreiben und charakterisiere

Das Äußere einer Person beschreiben

S. 55, Aufg. 1

Haarwuchs und -farbe:	kurz, lang, glatt, lockig, gewellt, gescheitelt, scheitellos, ...; blond, schwarz
Gesichtsfarbe und -form:	blass, tiefbraun, rotgeädert, ...; eckig, spitz, breit, schmal, rund, kantig, ...;
Nase:	krumm, spitz, schmal, knollig, fleischig
Lippen:	schmal, verkniffen, dick, wulstig, vorgeschoben
Kinn:	spitz, kantig, ...
Augenform und -farbe:	groß, stechend, mandelförmig, ...; stahlblau, grün, grau, grau-grün, schwarz, braun, dunkel, ...

S. 56, Aufg. 2

Meine kleine Schwester

Loni, meine Schwester, ist zwei Jahre alt und nicht besonders groß. Mit ihrer oft prall gefüllten Windelhose sieht sie fülliger aus, als sie in Wirklichkeit ist.
Sie hat ein rundes und wohlgeformtes Gesicht. Ihre ebenfalls runden, braunen Augen bilden einen schönen Kontrast zu Lonis hellblonden, lockigen Haaren. Ihre kleine Stupsnase sieht aus wie bei allen Kleinkindern und auch die beiden Milchzähne sind für ihr Alter typisch.
Ihre noch sehr kleinen Finger fühlen sich weich und warm an. Loni läuft schon sicher, wenn auch ihre stattlichen Beine noch nicht besonders gerade gewachsen sind.
Ihr liebstes Kleidungsstück ist eine knallrote Latzhose.

S. 56, Aufg. 3

Seine Geheimratsecken versteckt er nicht, ansonsten wächst sein lockiges, stellenweise schon graues Haar noch voll. Ärger und Anstrengung sind ihm leicht anzusehen: Sein rundes Gesicht läuft dann rot an und seine Stirnfalten treten noch stärker als sonst hervor. Aber auch in diesem Fall behält seine Stimme ihren tiefen und angenehmen Klang.
Seine Hände und Füße wirken wie die eines Handwerkers.
Unverkennbar ist seine Vorliebe für Pullover mit in der Regel gedämpften Farben, Jeans (am liebsten verwaschen), selbstgestrickte Wollsocken und Ökosandalen, von denen ihn auch ein kalter Winter nicht abhält.

Eine Person charakterisieren

S. 57, Aufg. 1

gerecht	z. B. bevorzugt er keinen Schüler
leidenschaftlicher Leser	z. B. liest er alle Bücher, die seine Schüler ihm empfehlen
zerstreut	z. B. vertauscht er ständig die Schülernamen

S. 58, Aufg. 2

Er hält manchmal unvermutet inne und kratzt sich dann Kinn, Nase oder Ohr.	Er denkt nach und will nicht vorschnell urteilen.
Er sitzt bevorzugt auf und nicht hinter dem Pult.	Er ist aktiv und hat gern Kontakt zur Klasse.
Er kann Texte vortragen wie ein orientalischer Märchenerzähler.	Er hat ein gutes Gedächtnis und schauspielerisches Talent.

S. 59, Aufg. 3 Blaues Kleid; ernstes und aufmerksames Profil; braune Augen (?); Sommersprossen; mageres Gesicht; magere Finger mit kurzen Nägeln.

S. 59, Aufg. 4 Die Autorin I. Brender charakterisiert das Mädchen aus der Sicht des Jungen. Als Leser/Leserin erfährt man nur über die Beobachtungen des Jungen etwas über das Mädchen, und zwar beschreibt er das Aussehen, nennt einige Verhaltensweisen und nur an wenigen Stellen gibt er Eigenschaften direkt an.

S. 59, Aufg. 5

Verhaltensweise	Schlüsse, die du als Leser/Leserin ziehen kannst
Z. 1, Z. 6, Z. 6/7, Z. 23/24, Z. 28	Sie interessiert sich für den Jungen, ist dabei aber verschlossen und zurückhaltend. Am Ende des Textes deutet sich an, dass sie ihre Zurückhaltung ein wenig aufgibt („beinah lächelte“).

S. 60, Aufg. 6

Direkte Charakterisierung	Indirekte Charakterisierung
☑	☐
☐	☑
☑	☐

4 Erzählungen beschreiben und deuten

Teste dein Wissen

Ein guter Einstieg in die Textbeschreibung gelingt, wenn man den Erzählanfang untersucht.

Neben sprachlichen Auffälligkeiten solltest du für eine Textbeschreibung vor allem die Figuren untersuchen.

Darauf solltest du achten, wenn du die sprachlichen Auffälligkeiten eines Textes herausfinden willst: Wortwahl
Satzbau
Bildlichkeit

Nenne drei Formen bildhafter Sprache: Metapher
Personifikation
Vergleich

Deine Beschreibung und Deutung einer Erzählung solltest du veranschaulichen und bekräftigen, indem du häufiger zitierst. Dadurch bezieht man seine Überlegungen immer wieder auf die Erzählung.

1. „Als wate er in Schlamm" – In Bildern sprechen und schreiben

S. 67, Aufg. 1 und 2 Text 2 ist weniger anschaulich und viel nüchterner als Text 1. Der Unterschied entsteht vor allem dadurch, dass der Erzählausschnitt (Text 1) voller bildhafter Wendungen ist.

S. 68, Aufg. 3

Wendungen aus Text 1: bildhafte Darstellung	Wendungen aus Text 2: Bedeutung der bildhaften Darstellung
…	Die Platzherren wehren sich gegen die Niederlage
…	Die Spieler sollen angreifen.
Die Gäste schlagen die Bälle kopflos ins Aus!	…
Die Gäste können sich nicht aus der Umklammerung des Gegners befreien.	…
Dann ein Angriff über den linken Flügel.	…
…	Ein genauer und nicht zu hart geschossener Flankenball.
Er lässt den Ball von der Brust abtropfen.	…

S. 68, Aufg. 4
a) Die Schalker versuchen, am Spielstand noch etwas zu ändern.
b) Er umdribbelt seinen Gegenspieler.
c) Er kann nur mit dem linken Fuß schießen.

S. 69, Aufg. 5

☑	☐
☑	☐
☐	☑
☑	☐
☐	☑

S. 69, Aufg. 6

☑	☐
☐	☑
☐	☑
☑	☐
☐	☑

S. 70, Aufg. 7 Der Text erzählt von einem Fußballspieler, der vielleicht wegen zu schlechter Leistungen vorzeitig aus dem Spiel genommen worden ist und nun auf den Kabineneingang zugeht. Dabei verfolgen ihn die Blicke der Zuschauer des vollbesetzten Stadions.

S. 70, Aufg. 8 Diese Textstellen kannst du herausschreiben:
fünf Vergleiche:
- „Als wate er in Schlamm“ (Z. 1)
- „wie mit Blei gefüllt“ (Z. 1–2)
- „wie gegen einen Orkan ankämpfend“ (Z. 2)
- „wie ein leckes Schiff bei schwerem Seegang den Hafen“ (Z. 5/6)
- „wie eiserne Pfeilspitzen mit einem Magneten angezogen“ (Z. 10)

eine Metapher:
- „am Grunde der sich steilenden, von wimmelndem Leben quellenden Stufenwand“ (Z. 3–4)

eine Personifikation:
- „gebündelt stachen sie (die Blicke) auf ihn ... ein“ (Z. 11)

S. 71, Aufg. 9 Der Spieler leidet unter der Auswechslung. Um dies zu veranschaulichen wählt der Autor auffällige Vergleiche, die die Gefühle des Spielers anschaulich machen. Er scheint in Schlamm zu waten und seine Fußballschuhe hängen ihm „wie mit Blei gefüllt“ (Z. 1/2) an den Füßen. „Wie ein leckes Schiff bei schwerem Seegang“ (Z. 5/6) steuert er auf den Kabineneingang zu.
Besonders qualvoll ist der Gang zur Kabine, weil er die Reaktion der Zuschauer spürt. Dabei werden aber die Zuschauer nicht direkt erwähnt, sondern nur deren Augen. Die Blicke sammeln sich auf dem Spieler und „stachen ... auf ihn ... ein“ (Z. 10/11).

2. „Tom und der Neue“ – Figuren aus Erzählungen beschreiben

S. 72, Aufg. 1 Das „armselige kleine St. Petersburg“. Selbst die Ankunft eines Fremden wird zu einem besonderen Ereignis.

S. 73, Aufg. 2 Mit dieser Frage kann die Tages- und Jahreszeit oder die „historische Zeit“ gemeint sein. Hier: ein Abend im Sommer, etwa zur Mitte des 19. Jahrhunderts.

S. 73, Aufg. 3 Tom und ein fremder Junge.

S. 73, Aufg. 4 Tom lässt sich durch die auffällige Kleidung des Fremden herausfordern. Kommt es zu einem Konflikt?

S. 73, Aufg. 5 Tom empfindet den Neuen als Störenfried, der ihn durch seine gute Kleidung und sein geziertes Benehmen herausfordert. Sein eigenes Äußeres erscheint ihm schäbig, er trägt beispielsweise keine Schuhe wie sein Gegenüber. – Der fremde Junge ist für die Verhältnisse in St. Petersburg auffällig gut gekleidet: Er trägt eine elegante Mütze sowie eine neue Jacke und Hose und sogar ein Halstuch.

S. 73, Aufg. 6 Sie zeigen ein ähnliches Verhalten: Beide provozieren und schrecken anscheinend nicht davor zurück, ihren Konflikt mit einer Prügelei auszutragen. – Tom reizt das Äußere des fremden Jungen, er empfindet ihn als Eindringling. Jeder will der Stärkere sein und es soll geklärt werden, wer von beiden die Oberhand behält.

S. 73, Aufg. 7 „Seine Mütze war elegant, seine eng anliegende blaue Jacke neu und sauber, auch seine Hose. Er hatte Schuhe an“ (Z. 5–6).

3. „Nachts schlafen die Ratten doch“ – Einen Textauszug im Zusammenhang beschreiben und deuten

S. 75, Aufg. 1 Zu Beginn wird die Hauptperson vorgestellt, die erschrocken reagiert, als eine weitere Person plötzlich und unbemerkt auftaucht. Die Begegnung ereignet sich am Abend zwischen Häuserruinen voller Schutt. –
Der alte Mann verlässt Jürgen mit einem Korb, der mit Kaninchenfutter gefüllt ist.

S. 75, Aufg. 2

Erzählanfang	**Schlussteil**
...	...
– das Fenster „gähnte“ (Personifikation) – die „vereinsamte Mauer“ (Personifikation) – die Schuttwüste „döste“ (Personifikation) – gähnen, dösen (Verben der Ruhe) – dunkel, leise (Adjektive, die die Stimmung unterstreichen)	– schwenken (Verb der Bewegung) – Nomen, Verben, Adjektive wie „Sonne“, „hindurchscheinen“ und „grün“ kennzeichnen die veränderte Atmosphäre im Schlussteil – Den letzten Satz kann man wörtlich verstehen. Er kann aber auch symbolisch für die Hoffnung des Jungen („grün“) stehen.

S. 75, Aufg. 3

Erzählanfang: Zerstörung, Dunkelheit, Einsamkeit, Resignation, Stille, Angst, Trostlosigkeit, Verzweiflung...

Schlussteil: Aktivität, Hoffnung, Freundschaft, Zuversicht, Mut...

S. 76, Aufg. 4 Die ersten fünf Sätze sind einfach gebaute Hauptsätze, die aneinandergereiht sind. Die einzelnen Sätze werden dadurch besonders hervorgehoben und machen so die Beschreibung der Atmosphäre noch eindringlicher.

S. 76, Aufg. 5 Der kleine Junge verhält sich abwartend und passiv. Er hält die Augen geschlossen und selbst, als er eine Gefahr vermutet, reagiert er nicht, sondern bleibt einfach sitzen. Vermutlich macht ihn das Schicksal seines Bruders teilnahmslos und passiv. In der Aktivität des alten Mannes kommt Hoffnung zum Ausdruck. Die Aussicht auf das Kaninchen, das ihm der Mann schenken will, gibt dem Jungen neuen Lebensmut.

S. 76, Aufg. 6 Die Kurzgeschichte „Nachts schlafen die Ratten doch“ wurde kurz nach dem Zweiten Weltkrieg von Wolfgang Borchert geschrieben. Ein Junge und ein alter Mann begegnen sich in einem Trümmerfeld. Die Textausschnitte verdeutlichen, wie der Mann dem kleinen Jungen zu neuem Lebensmut verhilft.

Zunächst schildert der Autor den Ort der Begegnung. Zerstörung und Stille äußern sich in auffälligen Personifikationen: „Das ... Fenster ... gähnte“ (Z. 1), „in der vereinsamten Mauer“ (Z. 1), „Die Schuttwüste döste“ (Z. 3). Die Beschreibung des Jungen entspricht der Atmosphäre des Ortes; obwohl der Junge eine Gefahr vermutet, bleibt er einfach sitzen und wirkt so teilnahmslos und passiv. Verben der Ruhe („gähnen“, „dösen“) und Adjektive wie „dunkel“ (Z. 4 und 5) und „leise“ (Z. 4) unterstreichen die Trostlosigkeit der Situation.

Im zweiten Textausschnitt kommt die Hoffnung zum Ausdruck, dass das Schicksal des Jungen sich vielleicht doch zum Guten wendet. Die Wortwahl spiegelt diese Zuversicht, wenn Verben der Bewegung und Nomen und Adjektive wie „Sonne“ (Z. 6) und „grün“ (Z. 9) eingesetzt werden.

Zu Beginn wird ein hoffnungsloser, vielleicht verzweifelter Junge vorgestellt. Der alte Mann wendet sich dem Jungen liebevoll und einfühlsam zu und schafft es so (vermutlich), dem kleinen Jungen trotz der trostlosen Lage neuen Lebensmut zu geben.

5 Gedichte beschreiben und deuten

Teste dein Wissen

Bei der Beschreibung und Deutung eines Gedichtes kommt es vor allem darauf an, einen Zusammenhang zwischen Inhalt und Form herzustellen.

Besonders wichtig ist die Untersuchung der sprachlichen Auffälligkeiten.

Wenn du für die Beschreibung eines Gedichtes den sprachlichen Auffälligkeiten auf die Spur kommen willst, kannst du danach fragen: Verszeilenanordnung/Strophenbau,

Wortwahl,

Wiederholungen,
Bildhaftigkeit,
Reim und Metrum.

Ergänze: Das Metrum ist die Abfolge betonter und unbetonter Silben in einer Verszeile.

Bezeichne diese drei Reimformen:

a a b b: Paarreim

a b a b: Kreuzreim

a b b a: umschließender Reim

1. „Urlaub" – Spiele mit Reim und Vers

S. 81, Aufg. 1

Ich geh im Urwald für mich hin...
Wie schön, dass ich im Urwald bin:
Man kann hier noch so lange wandern,
ein Urbaum steht neben dem andern.
Und an den Bäumen, Blatt für Blatt,
hängt Urlaub. Schön, dass man ihn hat!

S. 81, Aufg. 2

H. Erhardt macht aus dem gebräuchlichen Begriff „Urlaub" ein neues Wort, ein „Unsinnswort", indem er den zweiten Teil des Begriffes sozusagen wörtlich nimmt. So wird aus dem „Urlaub" das „Ur-Laub", das im Urwald an den Bäumen hängt.

S. 81, Aufg. 3

Paarreim

S. 82, Aufg. 4

Christine Nöstlinger

Mein Vater

Cola schmeckt wie Wanzengift,
sagt mein Vater
immer nach dem ersten Bier.
Cola ist ein ausländischer Dreck,
sagt mein Vater
immer nach dem zweiten Bier.
Cola frisst den Magen auf,
sagt mein Vater
immer nach dem dritten Bier.
Cola zersetzt das Hirn,
sagt mein Vater
immer nach dem vierten Bier.
Nach dem fünften Bier
sagt er nichts mehr.

Regina Schwarz

Mein Vater

Er bindet mir die Schuhe zu,
er spielt mit mir gern Blindekuh
er macht mir für mein Kuscheltier
einen Hut aus Glanzpapier,
er nimmt mich in den Arm,
hab ich mir wehgetan.

S. 82, Aufg. 5

Der Vater bei Regina Schwarz	Der Vater bei Christine Nöstlinger
• …	• …
• Er beschäftigt sich mit seinem Kind.	• Er macht dem Kind Vorwürfe.
• Er tröstet sein Kind.	• Er ist passiv.
	• Er widerspricht sich und ist ein schlechtes Vorbild.

Während R. Schwarz einen erwünschten Vater beschreibt, zeigt Chr. Nöstlinger einen Vater, der genau das tut, was er seinem Kind vorwirft. Er schadet sich durch das Trinken.

S. 83, Aufg. 6 Das Gedicht ist in fünf Sinnabschnitte gegliedert: Z. 1 – 3 / 4 – 6 / 7 – 9 / 10 – 12 / 13 – 14. Die ersten vier Sinnabschnitte sind dabei gleich aufgebaut: Das Wort „Cola" wird am Anfang wiederholt und eine unsinnige Behauptung des Vaters schließt sich an. Der Vers „Sagt mein Vater" wird immer wiederholt. Der letzte Abschnitt bildet einen Bruch: Je betrunkener der Vater wird, desto unsinniger redet er; dann sagt er nichts mehr. – Zusammenfassend kann man sagen, dass die Ordnung und besondere Wirkung von Chr. Nöstlingers Gedicht durch die auffällige Wiederholung von Wörtern und Sätzen erzielt wird.

2. „Am Meer" – Wiederholungen in Gedichten

S. 84, Aufg. 1

Z. 2: zu schweigen beginnen
Z. 3/4: bei den letzten Grashalmen den Faden verlieren
Z. 5 – 9: nichts anderes tun als atmen
Z. 13 – 14: aufhören zu sollen, nicht mehr wollen wollen

S. 84, Aufg. 2 Man sollte die Sorgen, Belastungen, Verpflichtungen und Wünsche des normalen Alltags ganz hinter sich lassen und einmal nur das Meer auf sich wirken lassen.

S. 84, Aufg. 3 ..., Schweigen, Entspannung, Frieden, Sorglosigkeit, Erholung, Gelassenheit, Beruhigung, ...

S. 84, Aufg. 4 Durch die Wiederholungen (vor allem das „und") erhält das Gedicht eine gewisse Ordnung, einen erkennbaren Aufbau. Die Ruhe, die vom Text ausgeht, wird durch das regelmäßige „und" unterstrichen. Beim Sprechen der Zeilen 7, 8, 9 kann man das Heranrollen und Zurückweichen der Wellen nachempfinden. Die Wiederholung des Wortes „Meer" bildet eine Art Klammer und betont die Bedeutung des zentralen Begriffs.

S. 85, Aufg. 5 Die Wörter „nur Meer“ werden mit einem Abstand zur dritten Strophe noch einmal wiederholt. Durch diese Versanordnung fällt die Wendung „nur Meer“ besonders ins Auge und die Bedeutung des zentralen Wortes „Meer“ wird auch „äußerlich“ (durch die Versanordnung) hervorgehoben.

3. „In Danzig“ – Eine schrittweise Beschreibung und Deutung

S. 86, Aufg. 1 Das Gedicht „In Danzig“ wurde 1842 von Joseph von Eichendorff geschrieben. Der Autor beschreibt darin die etwas gespenstische, aber auch wunderbare Atmosphäre während der Nacht in der Stadt. Der Leser erfährt nicht nur etwas über das, was der Betrachter sehen kann. Auch Geräusche und Gefühle werden wiedergegeben.

S. 86, Aufg. 2 Für alle Strophen benutzte J. v. Eichendorff den Kreuzreim. Die richtige Kennzeichnung lautet so:

abab, cdcd, efef, ghgh.

S. 86, Aufg. 3 Das Metrum der ersten Strophe ist regelmäßig: Betonte und unbetonte Silben wechseln gleichmäßig. Der Fachausdruck dafür ist „Trochäus“.

X́ X X́ X X́ X X́ X

X́ X X́ X X́ X X́

X́ X X́ X X́ X X́ X

X́ X X́ X X́ X X́

Auch die Zahl der Hebungen bleibt über alle vier Strophen gleich.

S. 87, Aufg. 4

☐
☑
☑
☑
☑
☐
☐

S. 87, Aufg. 5 Das Gedicht besteht aus vier Strophen, die ohne Ausnahme im Kreuzreim verfasst sind und jeweils vier Verse besitzen. Auch das Metrum ist sehr regelmäßig, es handelt sich um einen Trochäus. Es wechseln sich immer betonte und unbetonte Silben ab, sodass ein sehr ruhiger Leserhythmus entsteht, der zum Inhalt des Gedichts passt.

S. 87 und 88, Aufg. 6 und 7

Strophe 1 handelt davon, wie der Sprecher die Atmosphäre der Stadt während der Nacht empfindet. Er blickt auf die Gebäude.	Statuen werden personifiziert und mit Gespenstern verglichen. Adjektive wie „dunkle“ (Z. 1), „bleiche“ und „lautlos“ (Z. 4) unterstreichen die gespenstische Atmosphäre.

Strophe 2 beschreibt die Stadt aus der Sicht (Perspektive) des Mondes. Die Atmosphäre ändert sich.	Der Mond wird personifiziert; ihm erscheint die Stadt wie eine Märchenwelt. Diese Sicht auf die Stadt verstärken Wörter wie „träumerisch“ (Z. 5), „zauberhaft versteinet“ (Z. 7) und „Märchenwelt“ (Z. 8).
Strophe 3 bezieht die Umgebung und das Rauschen des Meeres in die Beschreibung der Stadt ein. Die Stimmung in der Stadt wird vom Sprecher als „wunderbare Einsamkeit“ (Z. 12) empfunden.	Adjektive und Nomen wie „tiefe[s] Lauschen“ (Z. 9), „weit“ (Z. 10) und „fernes Rauschen“ (Z. 11) vertiefen den Eindruck von Weite und Einsamkeit.
Strophe 4 handelt von einem Lied des Stadtwächters auf dem Turm, in dem Gott um Schutz für die Seeleute gebeten wird. Das Gedicht erhält durch die Person des Türmers und sein Lied einen versöhnlichen Ausklang.	Die Art der verwendeten Nomen, Adjektive und Verben verdeutlicht die im Vergleich zur ersten Strophe gewandelte Atmosphäre: „singen“, „uraltes Lied“ (Z. 14), „Gott möge die Seeleute beschützen“ (Z. 15).

S. 88, Aufg. 8

☑
☑
☐
☑
☐
☑

S. 88, Aufg. 9

Das Gedicht „In Danzig“ wurde 1842 von Joseph von Eichendorff geschrieben. Der Autor beschreibt darin die etwas gespenstische, aber auch wunderbare Atmosphäre während der Nacht in der Stadt. Der Leser erfährt nicht nur etwas über das, was der Betrachter sehen kann. Auch Geräusche und Gefühle werden wiedergegeben.

Das Gedicht besteht aus vier Strophen, die ohne Ausnahme im Kreuzreim verfasst sind. Auch das Metrum ist sehr regelmäßig. Es wechseln sich immer betonte und unbetonte Silben ab, sodass ein sehr ruhiger Leserhythmus entsteht, der zum Inhalt des Gedichts passt.

Das Gedicht ist so aufgebaut, dass der Blick des Betrachters zunächst auf die Stadt und ihre Gebäude fällt, sich jedoch zunehmend ausweitet. So wird in der zweiten Strophe die Stadt aus der Perspektive des Mondes betrachtet. In der dritten Strophe werden das Umland und die Geräusche des Meeres einbezogen und die letzte Strophe handelt von einem Lied des Türmers, das eine Bitte an Gott beinhaltet.

In der ersten Strophe wird beschrieben, wie der Sprecher des Gedichtes die Atmosphäre der Stadt während der Nacht empfindet. Die Umrisse der Häuser und Fenster und die Verzierungen an Türen erscheinen „wie Gespenster“ (Z. 3), die „sehn“ (Z. 2) können. Nicht nur dieser Vergleich und die Personifikation, sondern auch die Adjektive „dunkle“ (Z. 1) , „bleiche“ (Z. 5) und „lautlos“ (Z. 4) vermitteln diese gespenstische Atmosphäre.

Im Gegensatz zur ersten Strophe wird in der zweiten Strophe die Stadt aus der Perspektive des Mondes betrachtet. Geändert hat sich auch die Atmosphäre; sie drückt sich in der Personifizierung des Mondes aus, dem die Stadt wie eine „Märchenwelt" (Z. 8) erscheint. Adjektive wie „träumerisch" (Z. 5) und „zauberhaft" (Z. 7) verstärken diesen Eindruck von der Stadt.
In der dritten Strophe wird die Stimmung in der Stadt vom Sprecher als „wunderbare Einsamkeit" (Z. 12) empfunden. Weite und Einsamkeit spiegeln sich in Adjektiven und Nomen wie „das tiefe Lauschen" (Z. 9), „weit" (Z. 10) und „fernes Rauschen" (Z. 11). Durch die Person des Türmers und sein Lied, mit dem er Gott um Schutz für die Seeleute bittet, erhält das Gedicht in der vierten Strophe einen versöhnlichen Ausklang. Die Atmosphäre hat sich im Vergleich zur ersten Strophe deutlich gewandelt, was durch die Wortwahl zum Ausdruck kommt: „singet" (Z. 14), „uraltes" (Z. 14), „Wolle Gott ... wahren" (Z. 15).

6 Argumentieren

Teste dein Wissen

- Eine schlagkräftige Begründung für einen Standpunkt: **Argument**

  Eine Äußerung ohne Begründung: **Behauptung**

- Durch ein Beispiel überzeugt ein Argument noch mehr.

- Wenn man beim Argumentieren Gründe abwägt („pro und kontra"), spricht man von der Erörterung eines Sachverhalts.

- Mit verschiedenen Formulierungen kannst du den Zusammenhang deiner Gedanken verdeutlichen. Nenne fünf Beispiele:
  folglich, außerdem, aber, allerdings, darum.

1. „Schlagkräftig" – Behaupten oder argumentieren?

S. 93, Aufg. 1 Katrin behauptet nur.
Paula versucht, ihren Standpunkt mit Argumenten zu begründen.

S. 93, Aufg. 2 1. Argument: „Bei der Hitze heute kann man sich prima abkühlen."
2. Argument: „Außerdem treffen wir im Schwimmbad fast alle aus unserer Klasse. Das kann doch ganz lustig sein."

S. 93, Aufg. 3	1)	= A
	2)	= A
	3)	= A
	4)	= B
	5)	= B
	6)	= A
	7)	= A
	8)	= A
	9)	= B
	10)	= A

S. 94, Aufg. 4 1), 6) [Hier wird das Beispiel vorangestellt.], 7), 10)

S. 95, Aufg. 5 [Hier sind natürlich verschiedene Argumente denkbar. Die Lösungen sind deshalb nur mögliche Lösungen.]

1) … Viele Kosmetikfirmen können ihre Produkte auch ohne Tierversuche herstellen und weiterentwickeln.
2) … Der Körper verliert Wasser (und Salz) und trocknet aus.
3) … Verunreinigungen erhöhen die Infektionsgefahr.
4) … Die Tiere verwahrlosen und werden oft in Heime abgeschoben.
5) … „Warum eigentlich?“
6) … Sie fördern das Gemeinschaftsgefühl.
7) … Beim Lesen schafft man sich seine Vorstellungen von Figuren und Landschaften selber.

2. „Tanzkurs? Das ist nichts für mich!“ – Pro- und Kontra-Argumente

S. 97, Aufg. 1
A) Es ist sinnvoll, an einem Tanzkurs teilzunehmen.
B) Es ist nicht sinnvoll, an einem Tanzkurs teilzunehmen.

S. 97, Aufg. 2
A: Paul, Anna, Diane, André, Maria, Klaus, Christina
B: Julius, Monika, Ute, Willi

S. 97, Aufg. 3

Diese Argumente für den Tanzkurs werden genannt:	Diese Argumente gegen den Tanzkurs werden genannt:
– auf Festen sitzt man nicht nur herum	– unmusikalisch
– gesunder Sport	– förmlich und steif
– locker und spaßig	– man vergisst viel
– Teilnahme an Wettkämpfen	– andere Sportarten machen in der Freizeit mehr Spaß
– passt zum Sportunterricht	
– Unterhaltung für die Clique	

S. 98, Aufg. 4

❍	…	⊗
❍	…	⊗
❍	…	⊗
⊗	…	❍
⊗	…	❍
❍	…	⊗
❍	…	⊗
⊗	…	❍
⊗	…	❍

3. „Sport ist ein besonders schönes Fach" – Einen Standpunkt vertreten

S. 99, Aufg. 1

Pro-Argumente	Kontra-Argumente
● Die meisten Schüler bewegen sich gerne. ● Das Fach motiviert aus sich selbst. ● Das Lehrer-Schüler-Verhältnis ist gut.	● Es gibt Probleme mit dem Leistungsnachweis. ● Eltern und Schüler akzeptieren oft nicht, dass auch Einsatz, Einstellung und soziales Verhalten in die Note einfließen.

S. 99, Aufg. 2 und 3

„Sport ist ein besonders schönes Fach für Lehrende und Lernende.
Im Rahmen des normalen Stundenplans hat es eine besondere Stellung.
Ein Grund hierfür ist die Beobachtung, dass die meisten Schülerinnen und Schüler sich gerne bewegen und sich deshalb auf die Sportstunden freuen; da ist keine große Motivation erforderlich, sie liegt im Fach selbst. Auch das Verhältnis von Lehrern und Schülern ist meist gut, denn die Lehrenden können hier in anderer Weise als in den übrigen Fächern mitmachen.
Allerdings müssen wir Zensuren geben und damit beginnt das Problem des Leistungsnachweises. Zensuren können nicht verschenkt werden; wer eine „2" haben will, muss schon etwas leisten. Wer eine Übung einfach nicht schafft, muss dieselbe Zensur erwarten wie in einer Klassenarbeit, in der alle Ergebnisse falsch sind.
Dazu kommt, dass für die Notengebung auch noch die Einstellung, der Einsatz und das soziale Verhalten wichtig sind. Es ist ärgerlich, wenn dies etliche Eltern und Schüler einfach übersehen. Samthandschuhe sind in einer Turnhalle fehl am Platz, wenn einige ihr Turnzeug immer wieder vergessen, nicht aufpassen oder sogar stören oder sich vor dem Auf- und Abbauen der Geräte drücken.
Insgesamt aber bleibt der Sportunterricht trotz dieser Probleme, die aus der Notengebung resultieren und manchmal einen etwas strafferen Stil erfordern, für die meisten Schülerinnen und Schüler ein attraktives Fach."

S. 100, Aufg. 4

Mögliche Argumente gegen und für das Tragen von Schuluniformen:

- Bunte Kleidung macht Laune, Schuluniformen sind trist.
- Mit Kleidung kann ich etwas von mir und meinen Gefühlen ausdrücken.

- Ich kann mich lässig, bequem, sportlich, modisch kleiden – wie ich es gerade brauche ...
- Schuluniformen machen von Moden unabhängig und sind deshalb preiswerter.
- Schuluniformen verhindern, dass sich manche wegen ihrer (Marken-) Kleidung als etwas Besseres vorkommen.
- Sie schaffen in der Schule ein Gemeinschaftsgefühl.
- ...

Prüfe deinen Text nun selbst:

- Hast du deinen Standpunkt in einem einleitenden Abschnitt genannt?
- Ist der Text in Abschnitte gegliedert?
- Verdeutlichen Signalwörter deinen Gedankengang?
- Hast du einen Schlussgedanken formuliert?